KB205966

배트맨 크리스천

어두운 세상, 하나님 나라 영웅으로 살아가기

세움북스는 기독교 가치관으로 교회와 성도를 건강하게 세우는 바른 책을 만들어 갑니다.

배트맨 크리스천

어두운 세상, 하나님 나라 영웅으로 살아가기

초판 1쇄 인쇄 2022년 11월 20일
초판 1쇄 발행 2022년 11월 25일

지은이 | 구선우
펴낸이 | 강인구

펴낸곳 | 세움북스
등 록 | 제2014-000144호
주 소 | 서울시 종로구 대학로 19 한국기독교회관 1010호
전 화 | 02-3144-3500
팩 스 | 02-6008-5712
이메일 | cdgn@daum.net

디자인 | 참디자인
일러스트 | 심효섭

ISBN 979-11-91715-54-5 (03230)

배트맨 크리스천

구선우 지음 · 심효섭 그림

어두운 세상,

하나님 나라
영웅으로
살아가기

BATMAN CHRISTIAN

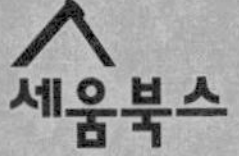

세움북스

추천사

Ⓑ 추천사를 쓰기 위해 원고를 펼치는 순간부터 굉장한 흥미를 느꼈다. 영화에 문외한인 나 같은 사역자에게도 읽히는 신기한 책이다. 정주행(binge-reading)이 가능할 정도로 몰입도가 높다. 특히 앞부분은 영화를 해설하는 문화 콘텐츠라고 해도 전혀 손색이 없다.

이 책은 배트맨(Batman)이라는 영화 주인공을 통해 이 시대 그리스도인의 일상을 흥미진진하게 그려 내고 있다. 영화 속의 배트맨은 자기 정체를 숨기고 악당들을 혼내 주며 자신의 길을 묵묵히 걸어가는 인물이다. 태생부터 '슈퍼히어로'인 슈퍼맨과는 달리, 연약하지만 자기 상처를 극복한 인간이다. 이런 점들에 빗대어 저자는 우리 성도들의 정체성을 맛깔스러운 언어로 묘사하고 있다.

『배트맨 크리스천』은 저자가 언급한 대로 복음의 '토착화 원리'를 시도한 책으로 볼 수 있다. 사람들은 자신의 문화적 토대 위에 복음을 수용한다는 원리인데, 이 책은 영화 같은 문화 콘텐츠에 익숙한 세대들이 자연스럽게 복음을 접하도록 시도하고 있다. 그리고 저자는 영화 대사를 군데군데 소개함으로써 신앙생활에 깊은 통찰을 제공한다. "날 말해 주는 건 지금의 내 행동이야."라는 배트맨의 대사에서 이 시대 그리스도인들이 어떻게 살아야 하는지를 엿볼 수 있다.

무엇보다 이 책은 배트맨을 활용함에 있어 균형을 잘 유지한다. 책 제목만 보고 배트맨을 칭찬 일색으로 부각시킬 것이라고 생각하면 곤란하다. 배트맨과 그리스도인이 결코 동일시될 수 없음을 저자도 곳곳에서 지적하고 있다. 어디까지나 영화 캐릭터를 활용하여 복음을 말하고 싶은 저자의 의도를 우리가 놓치지 않아야 한다. 아무쪼록 배트맨 영화를 통해 복음의 내용이 어떻게 옷 입혀지고 있는가를 알고 싶다면, 주저하지 말고 이 책을 펼쳐 보길 바란다.

권율
부산 세계로병원 원목
『연애 신학』
『올인원 십계명』 저자

ⓑ 내가 대학 신입생이었던 2002년, 그때의 캠퍼스는 활기가 넘쳤다. 그 당시 대한민국을 들썩이게 했던 월드컵과 대학 축제, 그 밖의 여러 일상까지도 그저 즐겁고 신났다. 그 분위기 속에서 선교단체에 가입하여 기독 동아리 활동을 하기도 했는데, 멋진 선배들 사이에서 예배 모임과 기도 모임 등을 가지며 경건 생활을 하고, 여름에는 농활과 수련회를 다니면서 하나님 나라의 꿈을 품었던 기억이 난다. 그 속에서 나는 자연스럽게 소명을 품고 선교단체 간사가 되었다.

이후 20년이 지난 지금, 캠퍼스 사역자가 바라보는 캠퍼스는 많이 변한 것 같다. 20년이라는 시간 동안 시대가 많이 변하기도 했고, 지난 몇 년간은 유례없는 코로나 사태로 세상과 교회가 급속도로 변화를 경험하기도 했다. 그동안 학생 사회와 공동체가 모이고 만나질 못했으니, 대면 수업이 재개된 최근 대학생들은 오히려 비대면 시대를 그리워하며, 쏟아지는 수업과 과제 그리고 북적이는 일상 속에서 피곤하고 힘들다는 호소를 늘어놓기도 한다. 그 속에서 교회 생활과 신앙생활은 필수 과목이기보다는 선택 과목이 된 것 같다는 느낌도 든다. 시대가 변하고 그 속에서 신앙생활을 하는 청년들의 시선과 고민이 많이 바뀌고 있는데, 교회는 바뀌지 않고 그대로의 모습을 고집하며 청년들에게 옛 언어로 복음을 강요하고 있는 건 아닌지 모르겠다. 배트맨도 시대에 따라 변해 왔는데 말이다.

개인적으로 히어로물을 좋아하는 편은 아니지만, 이 책을 받았을 때는 나의 선입견을 걷어내고서 흥미롭게, 그리고 마음 따뜻한 감동을 느끼며 책을 읽을 수 있었다. 이 책은 적어도 '탁월한 실력으로 높은 곳에 올라가 세상에 영향력을 발하자'는 흔한 영웅 서사로 채워진 책이 아니었기 때문이다. 이 책에는 다크나이트 배트맨을 오늘날 어두운 현실을 살아가는 크리스천 청년들과 연결 지으며, 공감하고 다독이면서 도전하는 대목들이 담겨 있다. 글 사이사이에 등장하는 삽화들은 2022년 오늘을 사는 배트맨 크리스천을 익살스러우면서도 진솔하게 그려 주고 있다. 내가 캠퍼스에서 만났던 구선우 목사님은 크리스천 청년들을 누구보다 가까이에서 지켜보며 사역하셨던 분이다. 그래서 시대에 따라 변하는 배트맨처럼, 급변하는 시대 속 크리스천 청년들에게 오늘의 언어로 일상 속 신앙을 살아 내는 삶에 대해 질문하고 설명하며, "이 세상을 열심히 살아가는 우리 모두가 이미 영웅이야."라고 격려하고 싶으셨던 것 같다.

이 책을 기쁜 마음으로 추천한다. 특히 신앙과 세상의 경계에서 있는 청년들에게 이 책을 추천한다. 그리고 신앙과 세상의 경계에 서 있는 청년들을 마주하는 청년 사역자들과 교역자분들께도 이 책을 추천한다. 나도 우리 아이들과 우리 선교단체와 공동체 청년들에게 이 책을 기쁜 마음으로 추천하며 선물하려고 한다. 이 책이 어두운 세상을 살아가는 우리에게 일상 속 하나님 나라를 꿈꾸고 살아 내게 하는 귀한 도구가 되기를 기도하고 축복한다.

김영민
복음적 사회선교를 위한 새벽이슬 대표 간사

Ⓑ 기독교 신앙이 견고해질수록 세상을 바라보는 시선은 유연해야 한다. 세상을 본받지 말라는 말씀은 세상과의 '단절'이 아니라, 우리 안에 있는 믿음이 흔들리지 않는 '견고함'에 대해 이야기하고 있다. 그런 의미에서 저자는 흔들리지 않는 견고한 믿음을 붙들고, 세상의 중심부로 침투하고 있다. 이런 책들은 기독교 안에서 다소 생소할 수 있는 주제다. 그러나 교회 밖의 사람들에게는 전혀 낯설지 않다. 이 책은 신학자들의 교리를 체계적으로 정리하여 전달하는 책이 아니다. 오히려 기독교에 대해 아무런 지식이 없이 반감을 가지고 있던 사람들에게 친절히 다가가 교회의 문을 열어 주는 따스한 초청장과 같다.

당신이 어떠한 마음으로 이 책을 읽기 시작했든지, 이 책을 덮을 때쯤이면 저자의 호소력 있는 이야기에 고개를 끄덕이게 될 것이다. 이제 기독교가 '우리들만의 리그'를 벗어나 세상을 품는 자리로 한 걸음 나아가야 한다. 그리스도인의 선한 영향력이 세상을 치유하고 바로 잡아갈 때, 사람들은 기독교와 그리스도인들에게 더 많은 관심을 가질 것이다. 그때 바로 이런 책들이 필요하다. 따스하고 낯설지 않은, 그러나 깊게 생각할 수 있는 저자의 책과 같은 부류의 책들이 더 많아지길 바란다.

박길웅
선교사
『삶의 이유 1, 2』 저자

Ⓑ 경영학자로 살다가 느지막이 신학교에 갔다. 공부하면서 무언가 이상하다고 느끼다가 어느 날 깨달아서 아내에게 이야기했다. "이 사람들은 하늘에서 내려와. 우리는 땅에서 올라가는데 말이지."

『배트맨 크리스천』은 이 땅의 현실 가운데서 쓰인 신앙의 나눔이며 신학적 성찰이다. "사실은 세상 자체가 악당이야."라고 저자가 아들에게 얘기했듯이 이 세상은 타락해있고, 이 문화 가운데서 생명을 지키고 살아남는다는 것은 쉽지 않은 전투와 같다. 더구나, 우리 안에 심긴 하나님의 신성을 여전히 믿고, 새로운 생명으로 자라난다는 것은 영화처럼 아슬아슬하다. 이 책은 설교하지 않으면서도 세상, 정체성, 소명, 은사 등의 신학적 주제들을 생각하게 한다. 재미있게. 그러나 깊게!

혹자의 "이 시대에 가장 중요한 신학적 주제가 무엇일까?"라는 질문에 나는 "공공신학과 선교적 교회, 이 두 가지 주제일 거예요."라고 대답했다. 공공신학. '사람들이 사는 이 세상의 광장에서 하나님을 어떻게 발견하고 우리의 신앙을 이해할까?'라는 주제로 봐도 좋겠다. 선교적 교회. '과거 교회 성장론이 가졌던 자기 중심성에서 나와 공동체가 어떻게 세상 속으로 들어가 복음을 증거할까?'에 대한 이야기로 정리해도 좋겠다. 이 둘은 모두 세상 속에서 우리의 신앙과 삶을 이해하려는 시도라고 볼 수 있다. 이 신학적 논의를 구체적 실천으로 옮기고 싶다면, 그 출발점은 어디가 될까? 그건 한 개인의 삶일 것이다. 그 생명이 다양한 현실 속에서 어떤 도전을 받고, 어떻게 자라나는가를 주목할 필요가 있다. 당연한 것이 아닌가 반문할지 모르지만, 그렇지 않다. 여전히 이런 논의들이 '하늘에서 내려온다.' 공공신학의 언어들은 여전히 종교적이고 제한적이어서 삶의 다양성과 복잡성을 담기에는 현저하게 부족하다. 선교적 교회를 이야기하지만 그 출발은 성도들의 일상이 아니라 교회의 구조와 문화로 시작되곤 한다.

이 책은 배트맨 덕후들에게는 다양한 정보와 기억 소환으로 즐거움을 선사한다. 세상 속의 성도들, 특히 직장 생활에 진입한 청년들에게는 격려와 통찰을 줄 수 있다. 그러나, 나는 이 책을 목회자들이나 선교사들에게 권하고 싶다. 모든 것을 신학과 교회라는 종교적 중심성에서 바라보려는 과거의 습관을 벗어 버리는(Unlearn) 데 도움이 되기 때문이다. 하늘에서 내려오는 빛과 같은 계시가 아니라, 땅의 어두움 가운데 치열하게 싸우는 배트맨의 다양한 내러티브를 들여다보자. 삶에 뿌리를 내린 비유가 아니면 말씀하시지 않던 우리 모두의 배트맨과 예수님의 이야기를 들어 보자.

조샘
선교사
인터서브코리아 대표

『배트맨 크리스천』은 한마디로 '경계'에 관한 책이다. 배트맨 캐릭터 자체가 어둠을 살아내면서도 정의와 선함을 향한 갈망의 빛으로 나타나듯, 오늘을 사는 기독교인 역시 교회와 세상을 동시에 살아

내면서 본의 아니게 경계의 시선을 품고 있기 때문이다.

다수의 신학 관련 전문서는 물론이고 기독교 분야의 신앙 에세이마저 상투적으로 느껴짐이 안타까운 오늘의 독서 현실이다. 하지만, 『배트맨 크리스천』은 일단 재미있다. 빼어난 가독성은 기본이고, 대중문화 속 크리스천의 고민과 도전을 세련된 방식으로 다루고 있어 매우 흥미롭다. 그러면서도 유행에만 치우치지 않는 신앙과 신학에 대한 진중한 질문도 놓치지 않는, 가벼우면서도 무게감 있고, 세련되면서도 우직한 영적 세계의 몰입을 유도하는 신비로움을 지닌 놀라운 책이다.

여기에 기독교 청춘을 위한 따뜻한 시선까지 포개어진 구선우 작가의『배트맨 크리스천』이 교회와 세상의 경계에 선 한국의 청년 크리스천에게 참되고 진솔한 위로가 되길 바란다. 더불어 향후 '구선우'라는 브랜드가 기독교 스토리텔러의 새로운 시작을 알리는 신호탄이 되어 주길 진심을 담아 응원한다.

주원규
동서말씀교회 목사
소설가
드라마 작가

Ⓑ 책을 받고 두 시간 만에 빨려들 듯 다 읽었다. 마치 영화를 보는 기분이었다고 할까? 저자는 영화 '배트맨'을 소재로 청소년도 쉽게 이해할 수 있도록 그리스도인이 세상에서 어떤 자세로 살아야 하는지 친절하게 안내한다. 한국 교회는 70~80년대 성장을 지속해 왔다. 그러나 지금은 정체와 쇠퇴기에 접어들었음을 부인할 수 없다. 이러한 문제의 주된 원인 중 하나로 저자는 그리스도인의 '이분법적인 삶'을 지적한다.

성경은 신자가 세상에 속하지 않았지만(정체성), 세상으로 보냄받은 자(사명)라고 분명히 말한다(요 17:16, 18). "목회 현장에서 어린이와 청소년들로 하여금 세상을 모르는 기독교인들로 만들고 싶지 않았습니다."라는 저자의 사명이 책 전체에 신학적 탄탄함과 흥미로운 전개로 녹아 있다.

어두운 세상에서 악당을 무찌르는 배트맨을 보며 마음속 영웅으로 간직하고픈 경험이 한 번쯤은 있을 것이다. 주님을 온전히 따르는 제자의 삶은 교회당 안의 봉사로 제한될 수 없다. 십자가의 복음은 우리를 구원한 구속주 하나님을 가리키는 동시에 온 우주를 새롭게 한 재창조의 하나님을 노래하기 때문이다. 이 책은 개인의 진로와 소명뿐 아니라 우크라이나 전쟁, 코로나와 대면 예배 등 그리스도인의 공적 책임과 하나님 나라 공동체성을 균형 있게 강조한다. 영화, 문학, 역사, 철학 등 다양한 인용 글에는 저자의 풍성한 인문학적 감수성과 함께 성경 속 구속의 드라마를 현실의 언어로 전달하려는 목회자의 고민이 진하게 묻어 있다. 이 책을 통해 한국 교회 성도들이, 특별히 다음 세대 청소년들이 혼탁한 세상에 소망의 빛을 던져 주는 성숙한 그리스도인으로 발돋움하기를 기대하며 기쁘게 추천한다.

황경철
CCC 캠퍼스 선교사, 조직신학 박사

들어가는 말

"왜 배트맨이에요?" 아니, "웬 배트맨인가?"라는 질문이 더 많이 나올 듯합니다. 정말 그게 궁금하시다면, 잠시 제 이야기를 들어 주시겠어요? 저는 목회자의 자녀로 태어나, 학부 때부터 신학을 공부하여 목사가 된 2대 목사입니다. 우리 가족은 참 화목했고, 저는 어렸을 적에 사람들 앞에서 사랑받은 티를 낼 줄 알았습니다. 더 나아가 그것을 즐기기도 했습니다. 어떤 분들은 목회자 배우자나 자녀들이 교인들의 관심과 주목을 받는 것이 스트레스가 된다고 하던데, 저는 형이 있는 덕분일까요? 그것이 그리 큰 부담은 아니었습니다. 교회와 신앙 공동체 안에 있는 것이 늘 좋았습니다. 그리고 수학 능력 시험에서 실패를 맛본 저는 자연스럽게 신학교에 입학했습니다.

평범한 신학생이 되어, 평범하게 학부 2학년을 마치고 군대에 입대했습니다. 훈련소에서 저마다 떠들던 자기 자랑들이 제게 큰 충격으로 다가왔습니다. 과감한 예를 한번 들어 볼까요? 저뿐만 아니라 모든 기독 청년에게 당연하며, 감히 질문조차 할 수 없는 것이라고 여겼던 '혼전 순결'은 현실 세계에서는 신화와 같은 이야기였습니다. 또, 청소년 시절 주변에 흡연하는 친구가 거의 없었고, 성인이 되면서 바로 신학교에 입학하느라 주변엔 흡연자가 없었는데, 군대에 가보니 저만 빼고 다 흡연자더군요. 군대에서 만난 신학생들 가운데는 저보다 신실한(?) 친구들도 있었지만, 당당하게 흡연하는 신학생을 보고 충격을 받아 밤새 고민을 했던 기억이 납니다. 지금 와서 생각해 보면, 제 학창 시절 친구들은 제 앞에서만 담배를 피우지 않았던 것인지도 모르겠습니다. 군대에서 만난 세상은 제가 이미 알던 것보다 더 거칠고 험한 곳이었으며, 저는 그야말로 우물 안의 개구리였습니다.

그때부터 저는 세상이 궁금해졌습니다. MBTI 성격 유형에서 앞 글자 I의 성격(내향성)을 가지고 있는 소심한 저는, 곧바로 타락의 길을 걷지는 않았지만 간접적으로 세상에 대해 알아 가기 시작했습니다. 합법적으로 제가 조용히 접할 수 있는 세상은 '영화'였습니다. 영화 속 세상은 판타지인 줄 알았는데, 세상을 조금(?) 경험하고 보니 영화 속 세상이 다르게 보였습니다. 영화 속 세상은 우리가 살아가는 세상에 약간의 허구만을 더해 그려 놓은 것이었습니다. 우물 밖 세상은 제가 모르는 것이었지만, 꼭 알아야 되는 것이었습니다. 하나님이 세상을 사랑하셔서 독생자를 보내 주셨습니다. 그런데 기독교인들은 세상을 싫어합니다. 그리고 세상에는 도움의 손길이 필요한 곳이 많이 있었고, 관심 가져야 할 소외당한 이웃들이 세상 가운데 있다는 점을 알게 되었습니다. 무거운 주제의 영화나 다큐멘터리 영화에서 이러한 것들이 저에게 직설적으로 다가왔습니다. 여러 영화 중에서 제가 진짜 '감동을 받은' 장르는 따로 있었는데, 그것은 바로 슈퍼히어로 영화였습니다. 2010년 즈음, 20대 초반의 저는 배트맨을 만났습니다. 영화 〈배트맨 비긴즈〉에서 방황하는 브루스 웨인(배트맨의 본명)이 마치 저와 같은 삶을 살고 있다는 느낌을 받았습니다. 영화 〈다크 나이트〉의 브루스 웨인은 제가 앞으로 가야 할 길을 꿈꾸게 해주었습니다. 놀랍게도 저는 배트맨을 통해 하나님의 부르심을 들었고, 나아갈 새 힘을 얻었습니다.

이후 목회자가 되어 목회 현장에서 어린이와 청소년들을 만나게 되었습니다. 이들이 저처럼 세상을 모르는 기독교인들로 만들고 싶지 않았습니다. 이 친구들 앞에 놓인 길은 두 가지였습니다. 하나는 신앙생활 열심히 하는 충성스러운 주님의 종이 되는 것이고, 다른 하나는 부모님의 눈치를 받으며 교회당 안을 드나드는 것이었습니다. 후자의 경우 언제 조용히 사라질지 모르는 위험이 있습니다. 경우에 따라서 시끄럽게 떠나는 친구들도 있습니다. 전자의 경우도 언젠가는 심각한 고민을 하게 될지도 모릅니다. 이러한 문제는 교회 안의 어른들이 세상 사람과 믿는 사람을 구분하는 데 있습니다. 그런데 재미있는 것은 교회 안의 청소년들도 교회 친구와 학교 친구를 구분한다는 점입니다. 교회 안의 어른들은 믿는 사람들을 더 선호하는 반면 교회 안의 청소년들은 어려서부터 가족들이 서로 다

아는 교회 친구보다 더 자주 보고 편하게 이야기할 수 있는 학교 친구와 노는 것을 좋아합니다. 저는 이러한 이분법이 싫었습니다. 그리고 저는 기독교 가정에서 태어나 교회를 다니는 것이 당연한 줄 아는 친구들이 세상을 만나 결국 교회를 떠나가게 내버려 두기도 싫었습니다. 그래서 왜 교회를 다니는지조차 생각해 본 적 없는 학생들에게 스스로 생각하도록 질문을 던졌습니다. 사회를 바라보는 넓은 시각을 갖도록 위대한 기독교인들을 소개했습니다. 이렇게 예방주사를 놓아 주려고 애썼습니다. 그런데 고맙다고 찾아오는 제자가 없는 것을 보면 방역은 성공적이진 못했던 것 같습니다.

당시 청소년들에게 배트맨을 소개해 주려고 준비한 적이 있습니다. 당시 유행하던 영화 설교도 배워 보고 여러 가지 시도들을 했습니다. 그러나 친구 초청 행사와 같이 특별한 날이 아니면 어울리지 않는 것 같았습니다. 또한, 성경 말씀으로 출발하는 연역적인 설교에 익숙했던 저에게 이러한 방식의 설교는 무척 생경한 일이었습니다. 예화를 비롯하여 하고 싶은 이야기를 정해 놓고 성경 본문을 찾는 일은 설교자로서 죄책감까지 들 정도였습니다. 어찌어찌해서 배트맨을 가지고 3부작 설교를 야심 차게 준비해 봤지만, 억지로 끼워 맞춘다는 느낌을 지울 수가 없었습니다. 결국, 배트맨은 종종 설교 속 예화로 등장하긴 했지만, 설교 속의 주인공이 되지는 못했습니다. 이후 저의 현장 목회는 고민만을 남기며 잠시 휴식기를 갖게 되었습니다. '문화로 설교하기' 혹은 '덕질(제가 좋아하는 것)로 설교하기'라는 발칙한 상상은 실패하고 만 것입니다.

이때의 무례한 구상이 이 책의 뼈대가 되었습니다. 강단에서 하지 못했던 이야기를 에세이 형식을 빌려서 편하게 이야기했습니다. 이 책의 목표는 단순합니다. 배트맨과 같은 슈퍼히어로의 친숙한 이야기를 통해 세상과 교회의 거리를 조금이나마 줄여 보고자 하는 데 있습니다.『반지의 제왕』 시리즈에 빠져 있던 고등학생 시절,『이 반지가 왜 내게 왔을까』라는 책을 읽은 적이 있습니다. 그 책의 부제는 "반지의 제왕에서 만난 하나님"이었습니다. 그래서 저는 배트맨에서 만난 하나님을 소개해 보려고 합니다.『반지의 제왕』의 작가 톨킨의 위대한 저작에 비하면, 〈배트맨〉은 대중문화 그 이상도 이하도 아닐 것입니다. 그러나 어느덧 세상은 취향이 존중받는 사회가 되었습니다. 따라서 저만의 공상이 누군가에게 위로와 도전이 되기를 바라며 조심스럽게 이 책을 내밀어 봅니다.

목차를 보고 마음에 드는 주제가 있다면 한 챕터씩 따로 읽어도 됩니다. 그러나 나름의 흐름을 가지고 구성하였습니다. 먼저, 배트맨 영화에 익숙하지 않다면 배트맨에 대해서도 알아 가는 즐거움이 있을 수 있도록 1부에서 배경이 될 만한 배트맨과 그의 영화 속 세계에 대한 소개를 담았습니다. 또한, 우리에게 익숙한 배트맨의 삶을 통해 그리스도인의 삶을 성찰하기 위한 단계별 여정이 준비되어 있습니다. 1부에서는, 왜 굳이 그리스도인의 삶을 배트맨의 삶과 연결하는지, 배트맨으로 사는 그리스도인이 무엇을 의미하는지를 밝힙니다. 그리고 2부에서는, 나는 누구인지 좀 더 깊숙이 자신에 대해 성찰하고, 3부에서는, 본격적으로 어디에서 무엇을 해야 할지 소명을 찾아보고자 합니다. 마지막으로 4부에서는, 그리스도인이 어떠한 슈퍼파워를 가지고, 어떻게 살아야 하는지에 대해 고찰합니다.

아직도 배트맨과 기독교를 연결하는 것을 불편하게 생각하는 분들이 있을 수 있습니다. 이 책에 수많은 논리 비약이 있다고 생각하실 수도 있습니다. 성급한 일반화의 오류를 지적할 수도 있을 것입니다. 이 책은 학문 연구 결과물이 아니기 때문에, 신학적 깊이가 얕은 이야기일 수 있고, 성경 해석에 있어서 새로움도 특별함도 없을 것입니다. 위대한 선생님들이 종종 언급되지만, 저는 그들의 생각을 완전히 담아낼 그릇도 못 됩니다. 동시에 배트맨 영화에 대한 냉철한 평론을 담지도 않았습니다. 그저 배트맨을 향한 팬심을 담았을 뿐입니다.

대신, 분명히 약속하며 보여 주고 싶은 것이 있습니다. 이 책은 저자인 제 자신이 사춘기 시절 겪은 뜨거운 고민과 성장의 흔적들이며, 이후에도 이어진 그리스도인의 삶에 대한 치열한 성찰이 배트맨이라는 영웅의 삶의 정체성과 입맞춤한 결과물입니다. 저의 경우를 보았을 때, 때로는 이러한 가벼운 주제가 우리 실존의 질문을 보다 깊은 성찰과 성장으로 이끌기도 합니다. 따라서 이 책 안에서 결코, 그리스도인의 삶의 내용을 가볍게 다루지는 않았습니다. 이것이 책을 처음 펼친 여러분에게 제 자신이 부끄럽지 않도록 하는 약속입니다.

교회 사역을 멈추니 주말의 시간이 제게 선물이 되었습니다. 멈추었더니 비로소 보이는 것들이 정말로 있습니다. 주말을 아이들과 보낼 수 있는 아빠의 삶이 참 행복합니다. 또한, 코로나19는 주일 아침 일어나 예배를 하러 교회에 간다는 것이 얼마나 힘든 일인지를 알게 해주었습니다. 이러한 삶을 살아보니, 이제 저는 신앙생활에 지친 청년들, 교회를 떠나는 젊은이들의 마음을 작게나마 느끼곤 합니다. 이들에게 작은 위로가 되고 싶습니다. 그리고 교회라는 우물에서 벗어나 세상으로 한 발 내밀어야 하는 친구들에게 교회와 세상은 결코 다르지 않다는 것을 말해 주고 싶습니다.

배트맨처럼 살고 싶은
저자 구선우

목차

3부 소명

4부 은사

WARNING

독자의 주의가 필요합니다

신앙생활 베테랑에게

목회자나 신앙 고수들을 위한 책이 아닙니다.
세상 속에서 치열하게 살아가는
그리스도인 청년들을 위한 책입니다.
물론, 자신이 젊다고 생각하면 청년입니다.

배트맨 초심자에게

배트맨을 잘 몰라도 읽을 수 있습니다.
영화 속 배트맨을 기초부터 소개합니다.
'배트맨'이라는 이름만이라도 들어봤다면 충분합니다.
다만, 앞으로 영화를 찾아보시게 될지도 모릅니다.

비기독교인에게

기독교인이 아닌데, '배트맨'이라는 제목만 보고
책을 구매하셨다면, 미안합니다. 이 책은 배트맨을 매개로
기독교인의 삶을 이야기하고 있습니다.
그러나 편협하고 불편한 모습이 아닌, 세상과 어울려
함께 살아가는 삶을 이야기합니다.
혹시, 잠시만 시간을 내주실 수 있을까요?

1부

배경

배트맨으로 살아갈 수 있을까?

왜 배트맨과 그리스도인인가?

WHY?

그리스도인은 배트맨처럼 살아가야 한다. 이 책을 이제 막 펼친 사람이라면 쉽게 동의하기 어려울 것이다. 그러나 나는 계속해서 그리스도인은 배트맨처럼 살아가야 한다고 주장할 것이다. 따라서 먼저 배트맨처럼 살아간다는 것이 무엇을 의미하는지, 왜 굳이 배트맨과 그리스도인을 엮고 있는지 살펴보려 한다.

오늘을 사는 배트맨

배트맨의 등장

우리나라 사람들은 배트맨을 언제 처음 만났을까요? 앞 세대에게 물어보면, 대개 TV에서 AFKN(주한미군방송)을 통해 흑백 드라마 〈배트맨〉과 만화 시리즈 〈슈퍼특공대〉로 배트맨을 처음 봤었다고 대답합니다. 또, 제 또래들에게 물어보면 1990년대 영화가 기억난다고 하고, 요즘 10~20대들은 영화 〈다크 나이트〉 시리즈로 알게 되었다고 합니다. 게다가 배트맨을 '봤다'라는 말보다 '알고 있다', '들어는 봤다'라는 대답이 많아졌습니다. 격세지감입니다. 대부분의 사람들은 1960~70년대에 배트맨이 만들어졌을 것이라고 생각하는 것 같은데, (배트맨의 시작에 대해 궁금하지 않은 사람들이 대부분이긴 하지만) 사실 지인들에게 배트맨이 80년 넘는 세월의 역사를 갖고 있다고 얘기해 주면, 배트맨이 그렇게 오래된 것이었냐고 반문하면서 놀라곤 합니다.

그런데 놀랍게도 배트맨은, 1939년 5월 〈디텍티브 코믹스 27호〉을 통해 데뷔했습니다. 감히 우리나라 대중문화로서는 상상할 수 없는 긴 역사를 가진 그이지만, 배트맨은 사실 슈퍼히어로가 아니었습니다. 탐정 만화 시리즈의 새로운 주인공이었을 뿐입니다. 이 탐정 만화는 위대한 대선배 〈액션 코믹스〉의 '슈퍼맨'의 흥행으로 탄생한 수많은 후발 주자 중 하나였습니다. 그러나 배트맨은 슈퍼맨과 더불어 슈퍼히어로의 대명사가 되었습니다. 데뷔 5년도 안 되어 1943년 15편짜리 흑백 시리얼 영화로 제작되었습니다. 그렇게 초기의 성공을 바탕으로 배트맨은 지금까지 수많은 영화로 재탄생되면서 전 세계인의 인기를 얻고 있습니다. 슈퍼맨의 성공 이후 많은 후배 영웅들이 탄생했지만, 그중에서도 배트맨은 80년이 지난 현재까지 전 세계인의 사랑을 받는 영웅으로 자리매김했습니다. 그렇다면, 배트맨이 살아남은 이유는 무엇일까요?

배트맨은 새로운 유형의 영웅, 즉 다크히어로(dark hero)의 시작이라는 점에서 큰 의미를 지닙니다. 슈퍼맨의 성공을 이어 아류 캐릭터들의 탄생이 범람했던 시절, 밥 케인(Bob Kane)과 빌 핑거(Bill Finger)가 슈퍼맨과 정반대의 어두운 영웅을 만들어 냈습니다. 그 결과 동굴 속에 사는 박쥐를 상징으로 하는 다크히어로가 탄생한 것이죠. 그렇게 슈퍼맨은 "내일의 사나이(Man of Tommorow)"라는 별명을 가

슈퍼맨과 배트맨이 갖고 있는 빛과 어둠의 이미지는 그들이 활동하는 도시의 이미지에서도 극명하게 대조된다.

지고서 미국 사회에 밝은 메시지를 주었고, 반면에 배트맨은 "어둠의 기사(Dark Knight)"라는 별명을 가지고 활동하게 되었습니다. 우리에겐 '다크 나이트'라는 말이 크리스토퍼 놀란(Christopher Nolan)의 영화로 인해 익숙하긴 하지만, 이 별명은 배트맨의 이야기 작가 빌 핑거가 〈배트맨 1호(Batman#1)〉(1940) 코믹스에서 처음 언급하며 사용했다고 합니다. 즉, 세상의 희망을 주었던 슈퍼맨과 동시대에 배트맨은 어둠의 기사가 되어 사람들에게 공포심을 주었던 것이죠. 배트맨은 시작부터 그랬습니다. 어두운 밤, 조용히 어둠의 세력과 싸우는 자경단이 되었습니다.

배트맨의 창작자

배트맨의 창작자로는 밥 케인(Bob Kane)이 유명한데, 2015년 이후 빌 핑거(Bill Finger)가 공동 창작자로 인정받게 되었다. 2015년 『Bill The Boy Wonder』라는 책이 출간되며 빌 핑거의 숨겨진 공로가 공개되었고, DC 코믹스 측에서도 그동안 쉬쉬하던 빌 핑거를 공동 창작자로 인정하게 된다. (『Bill The Boy Wonder』는 배트맨의 조수(Sidekick)인 로빈의 별명이기도 하다.)
빌 핑거는 배트맨 캐릭터의 디자인, 고담시 등 초기의 설정 등 여러 가지에 관여하였지만, 안타깝게도 밥 케인에 밀려 자신의 공은 사후에 알려지게 되었다.

이후 배트맨 영화나 배트맨 관련 작품에는 “Batman created by Bob Kane and Bill Finger”라는 문구가 삽입되고 있다. (배트맨 영화가 시작할 때 자막을 집중해서 보면 색다른 재미가 있다.)

또한, 배트맨은 개인 작품이기보다 회사 동료들과 함께 만들었고, 회사의 소유물로서 새로운 이야기가 지금도 계속 재생산되는 바 원작자보다 창작자라는 표현이 더 적절하다.

배트맨의 출생 년도는 언제일까?

배트맨은 긴 역사 동안 어떤 모습으로 활동했을까요? 아니 도대체 왜 배트맨은 죽지 않는 걸까요? 1939년에 데뷔한 배트맨이 어떻게 아직까지 활동하고 있을까요? (물론 배트맨의 죽음 이후를 다루는 이야기도 있습니다.) 사실, 배트맨이 지구 반대편에 살고 있는 한국의 독자들에게 오기까지 늘 같은 모습을 하고 있었던 것은 아닙니다. 배트맨은 억만장자 브루스 웨인,[1] 어둠 속에서 자경단으로 활동한다는 몇 가지 설정을 유지하면서도 꽤 다양한 모습으로 등장하였습니다. 코믹스 시리즈, 영화 시리즈, 애니메이션 시리즈 등 저마다 각자의 타임라인이 있고 많은 작품들이 있지만, 여기서는 실사화된 작품들을 중심으로 훑어 보려고 합니다.

배트맨은 1943년 컬럼비아 픽처스(Columbia Pictures)를 통해 처음 실사화되었습니다. 이 시기는 제2차 세계 대전 중이었습니다. 그리고 이 시리즈는 바로 동시대를 배경으로 했죠. 이 영화의 메인 악당은 다카 박사(Dr. Tito Daka)인데, 그는 이 시리즈에 처음 등장하는 오리지널 캐릭터로서, 제2차 세계 대전 당시 고담시[2]에서 활동하는 일본 제국의 비밀 요원으로 묘사되었습니다. 그는 휴대용 광선총, 전

1 배트맨의 본명 – 2장에서 자세히 설명
2 배트맨이 활동하는 도시 Gotham City – 3장에서 자세히 설명

자 뇌 이식기 등 여러 가지 무기들을 만들어 미국인을 부하로 삼아 고담시를 파괴하고자 했지만, 끝내 배트맨과 로빈에 의해 저지되고 맙니다. 일본의 진주만 공격 이후, 미국 사회에서 일본에 대한 적대감이 고조되었던 시기 첫 번째 배트맨 실사 영화는 같은 시대의 이야기를 통해 큰 흥행을 거두었습니다. 그 결과 1949년 속편 시리즈 〈New Adventures of Batman and Robin, the Boy Wonder〉까지 제작되기도 했죠.

그런데, 1950년대 이후 미국 코믹스 시장의 황금기(Golden Age)가 끝나며, 이른바 실버 에이지(Silver Age)에 접어들면서 배트맨의 인기도 줄었습니다. 전쟁이 끝나자 슈퍼히어로들의 단순한 패턴들이 인기를 끌지 못했고, 1954년 만화출판규약(Comics Code Authority, CCA)이 생기며 검열과 규제를 받기 시작했습니다. 배트맨도 이 암흑기를 피하지 못했죠. 배트맨의 폭력성이 지적을 당하며 배트맨 시리즈는 많은 규제를 당했습니다. 밤거리를 서슴없이 다니던 위대한 탐정은 진정한 어둠 속으로 사라질 위기에 처했습니다. 〈배트맨〉은 과연 어떻게 이 위기를 극복할 수 있었을까요?

〈배트맨〉의 위기 극복 및 해결책은 아이러니하게도 '밝음'에 있었습니다. 1960년대 ABC방송국은 새로운 〈배트맨 TV 시리즈〉(1966 - 1968)를 제작했는데, 굉장히 가볍고 코믹한 분위기로 만들어졌습니다. 아담 웨스트(Adam West)가 배트맨 역할을 맡아, '아담 웨스트

판'이라고 불리기도 했습니다. 1966년에 이 시리즈가 극장판으로 나오기도 했으니, 배트맨 영화의 한 역사로 볼 수 있죠. 텔레비전 시리즈 속 배트맨은 당시 강력한 검열을 피하기 위함이었는지, 안전벨트 사용, 야채 먹기, 우유 마시기 등 어린이 시청자를 위한 도덕 교육 방송의 역할까지 담당했습니다. 이러한 밝은 배트맨은 선풍적인 유행을 끌게 되었고, 배트맨을 비롯한 암울해진 슈퍼히어로들을 다시 부활시키게 되었습니다. 미국의 대중문화 시장에 배트맨 TV 시리즈가 새로운 활로를 개척하게 된 것입니다. 지금으로서는 배트맨의 흑역사, 아니 어둠의 어둠이니까 백역사(?)라고 해야 할지도 모를 '기괴한 시리즈'라고 생각이 들 수 있지만, 아직까지도 배트맨 시리즈의 전설로 수많은 밈(meme)이 되어 회자되고 있는 위대한 시리즈입니다. 이 시리즈는 우리나라에도 소개가 되었는데, 1980년대 AFKN의 실사화 배트맨을 기억하고 있는 분들이 바로 이 배트맨을 본 것입니다.

1980년대 배트맨은 만화를 통해 먼저 기존의 어둠의 기사로 돌아오게 됩니다. 당시 미국 만화계는 만화가 어린이만의 전유물이라는 편견을 깨고 예술 작품의 지위를 얻으려고 노력했습니다. '그래픽 노블(Graphic Novel)'이라는 새로운 용어가 사용된 것도 이 시기부터입니다. 그러다 보니 그 내용도 보다 더 심도 있고 깊어졌습니다. 팬들에게 익숙한 이름인 프랭크 밀러(Frank Miller)를 비롯한 여러 작가가 배트맨의 어두운 면, 고통받는 히어로의 숙명을 다루기 시작한 것입니다. 프랭크 밀러는 〈배트맨 이어원〉(1987)을 통해 배트맨의 기원을 재정립하였으며, 앨런 무어(Alan Moore)의 〈킬링 조크〉(1988)는 유명한 악당이자 배트맨의 숙적인 조커와 배트맨의 관계를 심도 있게 그려 냈습니다.

그래픽 노블의 성공은 배트맨 영화 제작에도 영향을 끼치게 되어, 마침내 팀 버튼(Timothy Walter Burton) 감독과 마이클 키튼(Michael Keaton) 주연의 〈배트맨Batman〉(1989)이 탄생하게 됩니다. 드디어 블록버스터 장편 영화로서 배트맨 영화가 처음 등장한 것입니다. 재미있는 점은 〈비틀쥬스Beetlejuice〉(1988), 〈가위손Edward Scissorhands〉(1990) 등의 호러 판타지 영화 감독이 배트맨의 이미지를 다시 어둠의 기사로 되돌려 놨다는 점입니다. 그래픽 노블을 살린 연출로서 만화 같으면서도 진지한 영화로 선보여 흥행에도 성공하며 배트맨 장편 영화 역사의 기념비가 되었습니다. 여기서 배트맨은 1980년대 말을 배경으로 활동하고 있는데, 사람들의 복장은 1920년대 정장과 중절모를 쓰고 다니기도 합니다.

첫 번째 블록버스터 〈배트맨〉 영화의 흥행으로 〈배트맨 2 - 배트맨 리턴즈Batman Returns〉(1992)를 만들었습니다. 그러나 전편만큼의 흥행이 이루어지지는 않았고, 팀 버튼은 더 이상 속편을 만들지 않게 되었습니다. 팀 버튼의 배트맨 영화는 감독만의 고유한 특성이 잘 드러나 있기 때문에 그로테스크(grotesque)한 영화를 좋아하는 사람들이라면 이 영화들에서, 특히 〈배트맨 리턴즈〉에서 슈퍼히어로 영화의 색다른 매력을 느낄 수 있을 것입니다. 이 영화는 다크 나이트 시리즈가 나오기 전까지 가장 작품성이 높은 배트맨 영화라는 평가를 받았습니다.

팀 버튼 감독 하차 이후 워너브라더스사는 두 편의 배트맨 영화를 더 제작하였는데, 이들은 보다 더 대중적인 가족 영화를 만들고자 했습니다. 이렇게 등장한 영화가 〈배트맨 3 – 배트맨 포에버 Batman Forever〉(1995)와 〈배트맨 4 – 배트맨과 로빈 Batman and Robin〉(1997)입니다. 이 영화들은 발 킬머, 조지 클루니, 짐 캐리, 아널드 슈워제네거 등 화려한 캐스팅으로 주목을 받았습니다. (심지어 〈배트맨과 로빈〉 오프닝에서 배우 이름에 배트맨을 맡은 조지 클루니(George Timothy Clooney)가 아닌, 메인 악당인 미스터 프리즈 역의 아널드 슈워제네거가 제일 먼저 등장합니다!) 전체적인 분위기는 기존의 배트맨의 분위기와 달리 마치 60년대 배트맨 드라마풍으로 돌아갔는데, 이는 90년대 가족 영화가 대세였던 흐름 속에 제작사의 강력한 요청이 있었기 때문이라고 합니다. 3편과 4편은 만화와 같은 색감으로 영웅의 모험을 다룬 어드벤쳐 영화였는데, 3편 〈배트맨 포에버〉는 토미 리 존스(Tommy Lee Jones)의 투페이스, 짐 캐리(Jim Carrey)의 리들러 등 개성 있고 시각적으로 강렬한 악당들로 인해 어느 정도 흥행에 성공했지만, 4편 〈배트맨과 로빈〉은 유치한 대사와 연출로 인해 역대 가장 실패한 배트맨 영화로 남게 되었습니다. 이 영화의 조엘 슈마허(Joel Schumacher) 감독은 DVD 부가 영상에서, 영화를 통해 상처받은 사람들에게 사과 메시지를 남겼으며(감독이 공식적으로 사과했던 영화가 몇 편이나 있을까요), 배트맨을 연기한 조지 클루니도 배트맨 출연을 자신의 흑역사로 여기며 각종 TV쇼에 출연해 놀림거리를 농담으로 승화시켜 내곤 했습니다. 그 영화에 등장한 '강철 유두'가 돋보이는 배트맨 슈트는 역사상 최악의 슈퍼히어로 슈트로 평가받으며 실패한 코스튬의 대명사가 되었습니다. 참고로 이 영화들에서는 1990년대를 살아가는 이미 성공한 중년의 배트맨을 볼 수 있습니다.

21세기 배트맨 영화를 이야기할 때, 아니 슈퍼히어로 영화를 이야기할 때 빼놓을 수 없는 영화는 바로 〈다크 나이트The Dark Knight〉(2008)일 것입니다. 크리스토퍼 놀란 감독은 2005년 〈배트맨 비긴즈Batman Begins〉(2005)를 시작으로 다시 '공포'라는 주제를 부각시키며 어두운 배트맨을 보여 줬습니다. 1990년대 영화들이 만화와 같은 색채를 드러냈다면, 이 시리즈는 현실성을 부각시켰죠. 2편과 3편의 제목은 각각 〈다크 나이트〉와 〈다크 나이트 라이즈The Dark Knight Rises〉(2012)인데, 말 그대로 '다크 나이트 시리즈'라고도 불립니다. 이 영화들은 히어로의 정체성, 선과 악의 문제 등 다소 무거운 주제들을 세 편의 영화에 담았습니다. 아이러니하게도 앞선 배트맨 3, 4편의 실패가 배트맨을 다시 어둠의 기사로 되돌려 놓아 슈퍼히어로 영화사에 길이 남을 엄청난 성공을 가져오게 된 것입니다.

여기서 배트맨은 21세기 초반을 살아가고 있습니다. 크리스천 베일(Christian Bale)이 연기한 이 배트맨에 대해서는 뒤에서 자주 다룰 수밖에 없으니 더 이상 길게 설명하지는 않겠습니다. 또한, 〈레고 배트맨 무비〉(2017)를 비롯한 애니메이션 시리즈, DCEU[3]를 구축하며 만든 벤 애플랙(Ben Affleck)의 배트맨(여기서는 활동 경력이 20년 이상 된 베테랑 히어로로 등장), 2022년 새롭게 선보인 〈더 배트맨〉(2022) 등 여러 모양의 배트맨이 더 있겠지만, 배트맨 역사에 관한 구체적인 이야기는 일단 여기서 마무리하겠습니다.

처음 하고자 했던 이야기로 돌아가 보겠습니다. 배트맨의 역사에서 재미는 바로 배트맨이 그 시대를 살고 있다는 것입니다. 그리고 작품의 설정에 따라 나이와 경력이 다르게 나타난다는 것이고요. 여러 모습의 배트맨은 그 시대가 그를 원하는 모습으로 소환시킨 것입니다. 배트맨은 시대의 분위기에 맞게 변화했습니다. 어둠의 기사는 80년이 넘는 세월 동안 늘 어둡지 않았습니다. 1960년대 TV 시리즈와 1990년대 가족 영화에서는 친숙한 배트맨이 되기도 했다가, 다시 무겁고 어두운 배트맨이 되었습니다. 1943년의 배트맨은 제2차 세계 대전 당시 고담시에 침투한 일본 제국의 스파이와 맞서 싸웠고, 1960년대 배트맨은 어린이들에게 우유를 먹어야 한다고 선

3 DC 확장 유니버스(DC Extended Universe) – 12장에서 자세히 설명

전했습니다. 2008년 영화 〈다크 나이트〉에서는 9·11 테러에 대한 미국인들의 트라우마를 그려 내는 등 2000년대 테러와의 전쟁을 하던 세상을 구원할 영웅이 되었고, 최근 개봉한 〈더 배트맨〉에서 배트맨은 SNS를 적극 활용하는 악당 리들러와 대결을 펼치기도 합니다. (리들러는 트위치 인터넷 방송까지 진행합니다.) 이 수많은 배트맨 모두가 브루스 웨인입니다! 브루스 웨인은 오늘도 살아 있습니다. 브루스 웨인은 어느 한 연도에 태어나 어느 한 연도에 세상을 떠난 인물이 아니라, 1939년부터 현재의 시대를 살아가고 있습니다. 물론 작품의 설정에 따라 예전 시대의 배트맨을 그려 낼 수도 있겠지만, 그는 '오늘'을 살고 있습니다.

제가 배트맨을 만날 때마다 드는 의문이 있습니다. '도대체 이 배트맨은 몇 년생일까?' 하는 질문입니다. 배트맨에게 데뷔 년도는 있지만, 출생 년도는 없습니다. 내일도 대중이 원하면 창작자가 다시 한번 새로운 배트맨을 탄생시키겠죠. 그리하면 배트맨을 소비하는 대중은 배트맨에 이입하여 여러 가지 고민과 생각들을 하게 됩니다. 이것이 배트맨이라는 캐릭터가 가지고 있는 현재성이고, 역사의 실존 인물이 가질 수 없는 캐릭터만이 가진 힘입니다.

배트맨의 변화처럼, 신앙 공동체의 모습도…

배트맨의 방대한 역사를 간단하게 훑어보았습니다. 이 책에서 그의 역사를 다루는 이유는 앞으로 배트맨의 이야기를 이해하

기 위해서 알아 두면 좋을 내용이기 때문입니다. 그러나 더 중요한 것은, 굳이 배트맨을 가지고 기독교 책을 쓰려는 이유에 대해 나름의 변명을 하고 싶었기 때문입니다.

무려 84년 역사를 지닌 배트맨 서사는 기본적인 캐릭터성만 유지된 채 계속해서 재생산되어 왔습니다. 이는 저자가 이야기의 판권을 가지는 것이 아니라, 회사가 캐릭터의 판권을 가지고 있는 미국 만화 산업의 특성 때문에 가능합니다. 그런데 사실 이것이 묘하게 우리의 교회와 닮아 있습니다. 지난 2000년 동안 기독교 공동체의 이야기는 늘 새롭게 변화하여 오늘도 새로운 이야기를 만들어 내고 있습니다. 예수님과 제자들의 이야기, 예수님께서 하늘로 올라

가신 후 오순절 다락방에 모였던 제자들의 홀로서기 이야기, 안디옥의 그리스도인들 이야기, 박해와 핍박 속에서도 꽃 피웠던 신앙 선배들의 이야기, 기독교가 로마에서 공인되며 성장했던 이야기, 유럽 대륙의 시대 정신이 되었던 이야기 등 세계 역사의 흐름에서 기독교 공동체의 존재 양식들이 변해 왔습니다. 16세기 이후 복음은 전 세계로 흩어졌고, 그 결과 기독교 공동체는 자신만의 자리에서 고유한 이야기를 써 내려왔습니다. 바로 이 점이 시대가 달라짐에도 그 시대상을 반영하며 그 시대에 머물고 있는 배트맨과 닮았습니다. 복음이 머물고 있는 나라와 시대 배경이 달라지면, 기독교 공동체는 그 시대에 머물러 그 시대에 맞게 변화했습니다. 즉, 자신들만의 옷으로 갈아입으며 기독교 공동체로서의 색깔을 나타낸 것입니다.

우리나라의 기독교 공동체도 마찬가지입니다. 19세기 말 선교사들을 통해 들어온 복음은 삼일 운동 등 민족 해방 운동에 앞장섰으나, 배트맨이 탄생한 시기인 1930년대 말에는 일제의 극심한 박해로 인해 꺼져 가는 불꽃이 되고 말았습니다. 해방 이후 20세기 후반 교회는 성장했으나 21세기 현재, 예전만 못합니다. 역사상 유래 없는 팬데믹 시대가 되면서 각자 집에서 온라인으로 예배 드리는 일이 익숙해졌습니다. 오늘날의 교회의 모습을 100년 전에 상상이나 할 수 있었을까요? 10년 전이라면 혹 누군가가 예상했겠지마는, 그럼에도 생각보다 빨리 구현된 듯합니다.

'그리스도인'이라는 말도 마찬가지입니다. 초대 교회 안디옥의 제자들이 처음으로 '그리스도인'이라고 불린 이유는 무엇일까요? 그들이 예수 그리스도와 같은 삶을 살아 냈기 때문입니다. 그래서 제자들은 안디옥에서 처음으로 '그리스도인'이라고 불렸습니다(행 11:26). 마치 1939년의 첫 번째 코믹스 속 배트맨도 배트맨이고, 〈다크 나이트〉의 배트맨도 배트맨이듯이, 그리스도인들도 모두 같은 그리스도인들입니다. 겉모습은 조금 달라졌겠지만, 초대 교회의 안디옥 제자들처럼 우리도 그리스도인인 것입니다.

선교학은 이러한 변화에 주목합니다. 선교 신학자 앤드류 월스(Andrew F. Walls)는 복음의 '토착화 원리(indigenzing principle)'라는 용어로 이러한 현상을 설명했습니다. 토착화 원리는 복음을 받아들이는 사람들의 문화와 역사의 토대 위에 복음이 수용된다는 원리입니다. 인간의 삶이 진공(無) 상태가 아니라 고유의 문화와 역사(有) 속에서 시작되는 것처럼, 기독교는 그 공동체가 속해 있는 고유의 문화에 반응하여 그들만의 기독교 모습이 나타난다는 것입니다.[4] 배트맨이라는 고유한 캐릭터는 유지하되, 그 시대의 옷을 입은 배트맨이 되는 것처럼 말입니다.

4 Andrew F. Walls, *The Missionary Movement in Christian History: Studies in the Transmission of Faith* (Mary Knoll, N.Y.: Orbis Books, 2001), 7–8.

오늘날 우리 한국 교회도 마찬가지입니다. 지난 100여 년의 세월 동안 많은 변화가 있었습니다. 선교사들의 가르침을 받던 한국 교회는 이제 선교사를 파송하는 핵심 기지로 성장했습니다. 그러나 이 성장의 과정 가운데 늘 한결같은 모습은 아니었습니다. 1920년대에는 남자 성도와 여자 성도를 분리하기 위해 'ㄱ'자 예배당이 있었지만, 지금은 남자와 여자의 공간을 따로 분리해 놓지는 않습니다. 예전에는 백의민족의 전통에 따라 흰옷을 입고 예배당에 모였지만, 근대화 시대를 지나며 정장을 갖춰 입고 예배하게 되었습니다. 그리고 오늘날에는 세대와 취향에 따라 다양한 복장으로 예배당에 모입니다.

현재 10대들은 상상하기 어렵겠지만, 교회에서 드럼이나 일렉기타 등 전자 악기를 쓰는 것을 반대하던 시대가 있었습니다. 저는 어렸을 적 가을에 '문학의 밤'이라는 행사에서 성시를 낭송했었습니다. 그런데 요즘 아이들은 강대상에서 춤을 춥니다. 심지어 코로나19 시대의 청소년들은 연습실을 빌려 영상을 찍어 공개하는 것으로 대체하기도 했습니다. 시간과 공간의 벽이 점점 허물어지고 있습니다. 20년 전 저는 무대에서 성극을 했지만 요즘 청년들은 거리에서 드라마를 찍습니다. 교회의 프로그램뿐 아니라 예배의 형식도 변화하고 있어 '현장 예배', '온라인 예배'라는 새로운 개념이 생겨났습니다. 10년 전만 해도 상상하기조차 힘든 모습 아닐까요?

그러나 이러한 변화 속에서도 하나님의 말씀은 여전히 살아 있습니다. 우리는 오늘을 살아가는 그리스도인입니다. 영화 속 배트맨이 그 시대의 배트맨이 되었던 것과 같이, 그리스도인들도 오늘의 그리스도인들로 살고 있습니다. 변화는 당연한 일입니다. 배트맨은 제2차 세계 대전 속에서 살지 않습니다. 과거에 머물지 말고 오늘을 살아야 합니다. 그래도 됩니다. 그래야 합니다. 물론 누군가는 본질에 대해 고민하고, 그 중심을 잃지 않도록 무게를 잡아 주어야 합니다. 바로 선 선배가 있어야 아름다운 전통이 유지되는 법입니다. 그럼에도 이러한 변화에 익숙하지 않은 분들이 있다면, 변화를 너무 걱정하거나 두려워하지 않기를 바랍니다. 청년들이여, 든든한 선배들이 있으니 변화를 두려워하지 마십시오.

드럼과 일렉기타, 워십 댄스, 온라인 활동들은 오늘날의 청년들에게 익숙한 문화일 뿐입니다. 억지로 인위적이고 맞지 않는 옷을 입는 것이 아니라, 우리가 입고 있는 옷을 입은 것뿐입니다. 변화는 자연스럽게 찾아오는 것입니다. 다만 그 변화의 주인이 누구인지를 한 번 더 생각해 보길 바랍니다. 오늘 우리가 세상을 분별하고 우리의 마음을 새롭게 하여 하나님께서 기뻐하시는 변화를 일으켜 봅시다.

너희는 이 세대를 본받지 말고 오직 마음을 새롭게 함으로 변화를 받아 하나님의 선하시고 기뻐하시고 온전하신 뜻이 무엇인지 분별하도록 하라 _롬 12:2

나 교회 다녀요!

배트맨 vs 아이언맨

배트맨의 가면 뒤에 숨겨진 이의 진짜 이름은 브루스 웨인(Bruce Wayne)입니다. 브루스 웨인은 '웨인엔터프라이즈'의 수장이자 억만장자이며, 고담시의 사회 고위층으로 살아가는 사람입니다. 영화를 비롯한 수많은 작품 속에서 다양한 모습의 배트맨이 그려지지만, 배트맨에게 고정된 설정은 그가 브루스 웨인이라는 자신의 정체를 드러내지 않고 숨긴 채 살아가고 있다는 것입니다. 브루스 웨인과 배트맨은 각각 고담의 시민이라면 누구나 알고 있을 만큼 유명한 이들이지만, 그 둘이 동일 인물이라는 사실은 소수만이 알고 있습니다.

이는 브루스 웨인의 삶을 교회 안에서의 그리스도인의 모습으로, 배트맨의 삶을 세상 속에서 살아가는 기독교인의 모습으로 비유할 수 있습니다. 혹자는 '이거 너무 억지가 아닌가?' 하는 생각이 들 수도 있지만, 적잖은 기독교인들이 교회와 세상에서 각각 다른 모습으로 양면성을 가지고 살아가고 있음을 부인할 수 없습니다. 특히 요즘 청소년들은 교회 친구와 학교 친구를 구분하고, 실제 교회에서의 생활과 학교에서의 생활이 다르다고 고민을 토로하기도 합니다. '가면'을 쓴 자신에 대해 고민하는 청년들이 많습니다. '나'라는 한 사람이 가정, 교회, 학교, 직장 등 각각의 자리에서 자기 본래의 정체성과는 다른 모습으로 살아가고 있는 것을 보면, 배트맨과 브루스 웨인처럼 살고 있다고 해도 과언이 아닐 것입니다. 브루스 웨인처럼 자신이 기독교인이라는 사실을 숨긴 채(굳이 밝히지 않고) 살아가고 있는 젊은 기독교인들이 적잖이 존재하고 있다는 것입니다.

'아이언맨'은 배트맨 캐릭터를 보유한 DC코믹스의 라이벌 회사 '마블'의 슈퍼히어로입니다. 아이언맨의 가면 속 이름은 토니 스타크(Tony Stark)인데, 토니 스타크는 브루스 웨인처럼 자신의 성을 딴 이름의 '스타크인더스트리'라는 회사를 운영하면서 브루스 웨인과는 달리 자신이 아이언맨이라는 사실을 똑똑히 밝힙니다. 영화마다 그는 가면을 벗은 채로 바로 자신이 아이언맨이라는 사실을 세상에 떳떳이 알립니다. (아이언맨의 상징과도 같은 가장 유명한 명대사는 바로 "I am Iron Man."입니다.) 아이언맨과 배트맨의 가장 큰 차이가 여기에 있습니다.

기독교인 중에서도 이런 아이언맨과 같은 사람들이 있습니다. 세상에서도 성공하고 교회 안에서도 덕망 높은 기독교인으로서 살아가는 분들이 적지 않습니다. 그런 분들은 자신이 기독교인이라는 것을 당당히 밝히며 모든 영광을 하나님께 돌린다고 말합니다. 연말 시상식의 연예인들이나, 골을 넣고서 무릎을 꿇고 기도하는 세레모니를 보여 주는 축구 선수들이 대표적인 예입니다. 기도 세레모니는 2010년 남아공 월드컵을 앞두고 FIFA(국제축구연맹)의 자제 요청에 따라 점차 사라졌지만, 연말 시상식에서는 아직도 하나님께 감사한다고 말하는 연예인들이 있는 것 같습니다. '아직'이라고 말한 것은, FIFA처럼 이를 제한하고 있는 것도 아닌데 이런 아이언맨과 같은 기독교인들이 줄어 가고 있는 것 같기 때문입니다. 방송사의 압박인지, 기독교인이 줄어든 탓인지, 잘못된 판단 때문인지는 잘 모르겠습니다. 그러나 한 번쯤은 묻고 싶습니다. 당신은 '배트맨 기독교인'인가요, 아니면 '아이언맨 기독교인'인가요?

물론, 물질적으로 성공해서 자신의 성공을 자랑하자는 이야기가 아닙니다. 아이언맨과 배트맨 모두 많은 재물을 가지고 있는 부자이기에 자칫 그렇게 생각할 수도 있겠지만, 중요한 것은 '자신이 기독교인임을 자랑할 수 있는가?' 하는 문제입니다. 가진 것이 없

배트맨 찐팬 되기

배트맨의 가면

배트맨이 가면을 쓰고 자신의 정체를 숨기는 이유는 무엇일까? “오른손이 하는 일을 왼손이 모르게 하라”(마 6:1)라는 예수님의 말씀이 있는데, 이는 사람에게 보이기 위해 의를 행치 말라는 가르침이다. 이를 배트맨이 가면을 쓰는 것과 동일시할 수 있을까? 그럴 수 없다. 배트맨이 가면을 쓰고 자신의 정체를 숨기는 첫 번째 이유는 자신의 신변을 보호하기 위함이다.

하지만, 배트맨이 가면을 쓰는 가장 중요한 이유는 ‘인간의 양면성’을 보여 주기 위해서이다. 배우 발 킬머가 연기한 〈배트맨 포에버〉(1995)에서 배트맨은 “우린 모두 양면을 지니고 있소. 하나는 내보이고 하나는 그림자 속에 감춰 두고 있지.”라고 말한다. 모든 인간이 양면성을 가진 것을 드러내기 위해 위대한 영웅 배트맨은 누구보다 어두운 삶을 살고 있으며, 브루스 웨인은 밝은 삶을 살고 있다. (모든 배트맨 서사가 그렇지는 않다. 숨어 지내는 브루스 웨인도 많이 있다.)

어도 각자의 자리에서 선한 영향력을 끼치는 위대한 그리스도인들이 있습니다. 그리고 오른손이 한 일을 왼손이 모르게 하라는 주님의 명을 받들어 낮은 자리에서 이름도 없이 빛도 없이 헌신하는 기독교인들도 있습니다. 배트맨처럼 말입니다. 배트맨은 힘과 능력이 있지만, (조금 과장하면) '겸손하게' 자신을 숨기고 어두운 밤, 모두가 두려워하는 뒷골목, 누군가의 도움이 필요한 곳에 나타납니다. 영화 〈배트맨 비긴즈〉에서 곧 죽을지 모르는데도 이름(배트맨의 정체)을 말해 달라는 협력자 검사 레이첼 도스의 질문에 배트맨은 다음과 같이 대답합니다. (이것은 앞서서 레이첼 도스가 자신의 친구 브루스 웨인에게 해준 조언을 배트맨이 된 브루스 웨인이 다시 한 말이기도 합니다.)

> **레이첼 도스:** 잠깐만! 죽을지도 모르는데 이름은 알아 둬야죠.
> **배트맨:** 날 말해 주는 건 지금 내 행동이야.

제가 꿈꾸는 것은 이러한 배트맨을 닮은 그리스도인의 삶입니다. 내가 누구인지를 드러내고 내 이름을 높이는 것이 아닌, 묵묵히 행동으로 그리스도인다운 삶을 보여 주는 것입니다. 예수께서 보이신 겸손의 삶도 이것과 맥을 같이 하고 있습니다. "그는 하나님의 모습을 지니셨으나, 하나님과 동등함을 당연하게 생각하지 않으시고, 오히려 자기를 비워서 종의 모습을 취하시고, 사람과 같이 되셨습니다."(빌 2:6-7, 새번역) 내 이름이 아니라 내 삶이 드러나 나를 사용하시는 하나님께서 높아지시길 소원합니다. 우리가 굳이 밝히지 않아도 그리스도인인 내가 겸손하게 나를 낮추면, 결국 주님의 이름이 높아질 것입니다. 나 자신을 자랑하면서도 나를 사용하시는 하나님까지 자랑하는 '아이언맨 닮은 그리스도인'도 멋지고 훌륭합니다. 그러나 묵묵히 자신의 길을 걷는 '배트맨을 닮은 그리스도인'들이 알고 보면 더 대단하고 멋진 사람들이 아닐까요?

나 교회 다녀요!

자신이 기독교인임을 부끄러워하는 교회 안의 청년들이 많아지고 있습니다. 배트맨처럼 자신을 일부러 숨기는 것이 아니라, 어쩔 수 없이 숨겨야 하는 일이 많아지고 있기 때문입니다. 최근 기독교 내부에서도 교회를 가지 않는 '가나안 성도'와 교회를 떠나고 있는 '다음 세대'에 관한 관심이 큽니다. 2021년 한 기독교 연구 기관에서 "청년, 그들은 왜 교회를 떠나는가?"라는 주제로 온라인 포럼을 개최하였습니다. 이들의 조사에 따르면 현재 교회를 다니고 있는 청년 1,017명 중 "교회를 옮길 의향이 있다."라고 답한 청년이 320명, "신앙을 포기할 의향이 있다."라고 답한 청년이 80명, "이미 교회를 떠났다."라고 응답한 청년이 122명이었다고 합니다.[5] (교회를

5 이은혜, "기독 청년들이 교회를 떠나는 이유", 「NEWS & JOY」 2021년 4월 16일 인터넷 기사(https://www.newsnjoy.or.kr/news/articleView.html?idxno=302599)

다니고 있는 청년 대상 설문 조사에서 이미 교회를 떠났다는 청년이 10%가 넘는다는 것이 인상적입니다.) 즉, 절반 가까이의 청년들이 교회에 불만을 가지고 있음을 알 수 있습니다. 궁금합니다. 불만이 있는 청년들은 '세상 밖'에서 어떻게 살고 있을까요? 교회는 과연 청년들에게 자랑스러운 곳일까요? 그들이 아이언맨처럼 마이크를 잡고 "나는 기독교인이다."라고 말할 수 있을까요? 아니면 배트맨처럼 '어쩔 수 없이' 숨어서 활동하고 있는 걸까요?

사회생활 하면서 기독교인이라는 사실이 자랑스러웠던 시절이 있었습니다. 어린 시절, 인천의 한 교회에서 부목사로 사역하시던 아버지는 종종 집에 청년들을 초대하여 식사를 함께하셨는데, 초등학생이었던 저는 형 누나들이 우리 집에 오는 것이 참 좋았습니다. 지금도 집에 손님 오는 것이 참 행복한 일이라고 생각합니다. 이때 들었던 이야기 중에 술자리를 거부하는 사회 초년생의 영웅담이 기억에 남습니다. 신실한 기독교인이었던 형이었는데, 회사 부장님의 술 권유에도 "나는 교회를 다녀서 술은 안 마십니다."라고 한 번 거절하자 그 이후로는 술을 권유하지 않고 존중받게 되었다는 이야기였습니다. 어린 저는 그 이야기를 듣고서 '기독교인을 드러내는 것은 정말 멋진 것이구나.'라고 생각했습니다. 이처럼 20세기에 "나 교회 다녀요."라는 말은 '술을 안 마시는 사람'이라는 뜻으로 쉽게 받아들여졌나 봅니다. 이런 영웅담은 교회를 오래 다닌 사람이라면 많이 들어 봤을 것입니다. 그런데, 요즈음은 이런 비슷한 예화 뒤에

부장님의 답변이 붙습니다.

"야, 나도 교회 다녀!"

교회를 다닌다는 이유로 술을 거부할 수 없게 되었습니다. 쉽게 존중받지 못하게 되었습니다. 세상의 기준 자체가 변해 버렸습니다. (물론, 이와는 별개로 강압적인 술자리가 많이 줄고 있기도 합니다.)

그런데, 더 문제인 것은 '교회를 다니는 사람은 도덕적 모범이 되는 사람이다.'라는 인식이 사라지고 있다는 사실입니다. 예전에는 교회를 다닌다고 하면 교회를 안 다니는 사람도 그 사람을 성실하고 믿을 만한 사람이라고 생각했습니다. 실제로 1990년대에는 교회 다닌다는 이유 하나로 구직이 된 청년들도 있었습니다. "우리 교회 열심히 다니는 청년이야. 한번 같이 일해 봐." 하고 권하기도 했습니다. 요즘 젊은 세대에게는 매우 생소한 이야기일 것입니다.

기독교인임을 숨겨야 할까?

2020년 봄, 코로나19의 유행이 본격화되던 시기에 연이어서 교회 내 집단 감염이 터지자 교회를 향한 여론의 시선이 따가웠습니다. 이런 시기에 어떤 회사는 "지난 주말 교회에 다녀온 직원은 출근하지 말라!"고 하는 지침을 내렸다고 합니다. 크리스천 직장인들은 현장 예배에 참석하고 거짓말을 해야 할지, 아니면 현장 예배를 포기해야 할지 고민해야 했습니다. 거짓말의 결과는 엄청났습니

다. 교회가 집단 감염의 원인이 되어 방역 당국은 '모이는 예배'를 금지했습니다. 차별금지법에 대한 우려를 가지고 있었던 기독교인들에게 그 우려가 현실이 되는 순간이었습니다. 교회에 다녀왔다는 것을 밝히면 불이익을 받게 되었습니다. 배트맨도 자신의 안전을 위해 신변을 노출하지 않았는데, 2020년 한국 기독교인들도 이를 경험하였습니다. (물론 거짓말을 안 하고 교회에 당당히 간 사람도 있을 수 있고, 회사 내 기독교인에 대한 제재가 없어 딱히 거짓말을 하지 않아도 되는 사람도 있었을 것입니다.)

문제는 '여론'이었습니다. 여론이 교회를 향해 따가운 눈총을 보냈습니다. 교회에서는 '여론'이라는 말을 '세상'이라는 말로 바꿔 사용하기도 했습니다. '세상'이 우리를 원망하는 일들이 벌어져, 마치 교회를 향한 21세기형 핍박과 박해인 것처럼 느껴지기도 했습니다. 2022년 국민일보의 "기독교에 대한 대국민 이미지 조사"에서 '종교 호감도'를 물었는데, 응답자 중 25.3%가 기독교에 호감이 있다고 답했습니다. 이는 천주교와 불교에 대해서 각각 65.4%와 66.3%의 응답자가 호감이 있다고 한 것과 비교하면 정말 부끄러운 수치입니다. 게다가 국민이 느끼는 기독교를 대표하는 핵심 단어가 '배타적'이라는 단어였습니다.[6] 이제 자연스럽게 교회 다닌다는 사실이 자랑스럽지 않게 변한 것입니다. 과연 이러한 세상의 눈초리는 코로나 이후에 얼마나 변할 수 있을까요? 교회는 사회적 신뢰를 회복할 수 있을까요? 크리스천 청년들은 당당히 교회를 다닌다는 사실을 밝힐 수 있을까요?

이러한 상황에서 자신이 기독교인임을 숨겨야 하냐고 누군가 제게 묻는다면, 제 대답은 '아니요'입니다. 예수님은 나의 자랑이며 우리의 자랑이기 때문입니다. 우리가 기독교인이라는 사실은 어디에서나 자랑이어야 합니다. 그러나 그것이 어려운 시대가 되어 가고 있습니다. 자의든 타의든 간에 교회를 다닌다는 것이 자랑이 아니게 되어 버렸습니다. 코로나19야 워낙 특수한 상황이니까 그럴 수

6 장창일, 유경진, "[한국교회 세상속으로…] '기독교 배타적' 호감도 25% 그쳐", 「국민일보」 2022년 4월 27일 (https://m.kmib.co.kr/view.asp?arcid=0924242493)

있고, 갑작스럽게 생긴 균열은 금방 회복할 수 있다고 하더라도, 오랫동안 쌓인 부정적 이미지는 쉽게 회복하기 어려울 것입니다. 2007년 여름, 교회 단기 선교팀의 선교지 피랍 사건 이후에 '선교'라는 말을 사용하는 것이 조심스러워졌습니다. 같은 해 12월, 장로 대통령의 탄생은 교회 안에서 많은 기대감을 불러일으켰지만, 교회가 한마음이 되어 특정 후보를 지지한다는 것이 얼마나 위험한지 보여 주는 좋은 사례가 되었습니다. 역사상 최고 득표율을 받았음에도, 그를 지지하지 않은 사람들과 당선 이후 그에게 실망한 사람들은 '교회' 또한 실망하게 되었습니다. 같은 해 저는 신학생이 되었는데, 그때가 1907년 평양 대부흥 운동 100주년 된 해라 많은 기대가 있던 해였지만, 교회에 대한 부정적 인식이 본격적으로 확산하기 시작한 해가 되기도 했습니다. 많은 것이 변했습니다. 교회만 바라보고 신학교에 입학한 청년들은 교회와 사회에 대해 고민하기 시작했습니다. 한국 교회 역사상 '야소꾼', '예수쟁이'로 이어지는 기독교인을 향한 별칭은 별 부끄러운 것이 아니었습니다. 그럼에도 '개독교'(기독교 혹은 기독교인을 개에 빗대어 비하하는 말)라는 말은 참 익숙해지기가 어려웠습니다. 인터넷 은어였던 개독교가 2007년 이후 일반적으로 사용되는 단어가 되어 버렸습니다. 2007년에 청년의 삶을 시작한 저도 이러한데, 그 이후 시대를 살아가는 청년들은 얼마나 힘들었을까요? 배트맨이 브루스 웨인을 보호하기 위해 자신의 정체를 드러내지 않았던 것이 떠오릅니다. 젊은 기독교인들은 자기 보호를 위해 오늘도 자신이 기독교인임을 숨긴 채 살아가고 있습니다. 참으로 안타까운 현실입니다.

이미 많은 기독교인이 술을 마셔서일까요? 연말 시상식에서 하나님께 감사를 외쳤던 연예인들이 속도위반을 하고 혼전 임신을 했다는 기사 때문일까요? 그 이유가 무엇인지 생각하면 1박 2일로도 부족합니다. 이렇게 사회의 윤리적 기준이 변화했고, 교회 안에 청년들의 삶도 달라졌습니다. 그럼에도 교회의 가르침은 변하지 않았습니다. 그 결과 강대상의 메시지와 청년의 삶이 분리되고 말았습니다. 정말 심각한 문제입니다. 물론 세상이 변했다고, 교회가 무조건 따라가야 하는 것은 아닙니다. 하지만 교회 안의 청년들은 변화된 세상을 따라가고 있습니다. 현실이 그렇다는 것입니다.

2021년 기독 청년들을 대상으로 한 설문 조사에서는 응답자의 40.4%가 "성경 말씀을 지키며 살면 이 사회에서는 성공할 수 없다."라고 응답했으며, 61.7%는 "성경 말씀을 지키며 사는 사람은 내 주위에는 별로 없다."라고 응답했습니다.[7] 사회의 성공이 말씀에서 가르치는 성공과 다르기에 질문 자체가 좋은 질문이었다고 생각하지는 않지만, 이 조사의 결과로 보면 청년들은 현실에서 성경의 가르침대로 사는 것이 매우 어려운 일이라고 인식하고 있음을 분명

7 "2021 기독 청년의 신앙과 교회 인식 조사 세미나 - 코로나 시대, 기독 청년들의 신앙생활 탐구", 실천신학대학원대학교, 2021. 1. 28. (https://youtu.be/A-Q_xueuHOc)

하게 보여 줍니다. 성경의 가르침과 삶의 현실 간의 거리가 멀어진 것입니다. 이것이 심각해질수록 교회 안에 남아 있는 청년들은 자신이 교회에 다닌다는 것을 점점 더 숨겨야 할지도 모릅니다. 배트맨과 브루스 웨인처럼 교회와 세상에서 다르게 살아가는 양면성을 가진 삶을 살게 되는 것입니다.

그렇다면 이제 마지막 질문이 하나 남습니다. 도대체 어떻게 해야 될까요? 사실 이걸 논하는 것도 2박 3일로 부족합니다. 세상에서의 삶과 교회에서의 삶을 구분해 낼 수밖에 없는 이 현실을 어떻게 해결해 나갈 수 있을까요? 저는 결국 뚜렷한 해결책을 제시하지는 못할 것 같습니다. 그러나 계속해서 여기에 관심을 가지고 이야기하고자 합니다. 함께 생각해야 합니다. 청년들은 그리스도인이라는 자신의 정체성에 대해 진지하게 고민해야 하고, 교회도 이러한 문제에 관심을 가지고서 청년들에게 정답을 가르쳐 주기 이전에 그들의 이야기를 먼저 들어 줘야 합니다. 그리고 이렇게 물어봐 줘야 합니다.

"교회 밖으로 나가 보니 교회와 세상은 얼마나 다른가요?"

"삶에서 가장 여러분을 힘들게 하는 것은 무엇인가요?"

두 종류의 배트맨 그리스도인, 하나의 목적

배트맨으로 살아가는 그리스도인은 크게 두 부류가 있습니다. 첫 번째 부류는 자기 의가 드러나지 않도록 겸손하게 묵묵히 자기 자리에서 빛과 소금의 역할을 감당하는 그리스도인들입니다. 그리고 또 한 부류는 교회를 바라보는 세상의 시선이 따갑고 두려워 주변에 자신이 신앙생활 한다는 사실을 숨기는 그리스도인들입니다. 여러분은 어떤 그리스도인인가요?

세상의 눈초리가 따가워 힘들 수도 있습니다. 저도 요즘 교회 밖에서 목사라는 호칭으로 불릴 때마다 저도 모르게 깜짝깜짝 놀라 주위를 살피곤 합니다. 굳이 그리스도인임을 드러낼 필요는 없지만, 그리스도인이라는 사실이 종종 부끄러워지는 것은 왜일까요? 속상하지만, 이 부끄러움은 저만의 문제는 아닌 것 같습니다. 어찌 되었든 간에 배트맨으로 살아가는 모든 그리스도인들의 목적은 하나입니다. 내가 드러나지 않도록 겸손히, 그리고 필요한 때에는 당당히!

> 이와 같이, 너희 빛을 사람에게 비추어서, 그들이 너희의 착한 행실을 보고, 하늘에 계신 너희 아버지께 영광을 돌리게 하여라 _마 5:16, 새번역

우리 시대의 빌런은?

악당(villain)은 어디에?

저는 6세 아들과 취미를 공유합니다. 배트맨을 좋아하는 아빠의 영향을 받아서인지, 아들도 어벤져스나 파워레인저 같은 슈퍼히어로를 좋아합니다. 아들과 함께 영화를 보며, 장난감을 사고, 영웅 놀이를 하는 것이 공통된 취미가 되었습니다. 아들이 어린이용 변신 벨트를 차고 영웅의 무기를 들고 무장을 하면, 저는 자연스럽게 악당 역할을 하게 됩니다. 언제까지 아빠랑 놀아 줄는지 모를 아들을 보며 저는 오늘도 최선을 다해 악당이 됩니다. 이게 아들 키우는 맛인가 싶습니다. 하루는 아들이 저에게 물었습니다.

"그런데 아빠, 우리 사는 데도 진짜 악당이나 괴물이 있

어?"

악마와 같은 범죄자들이 존재한다는 건 뉴스를 통해 알 수 있지만, 살아가면서 우리가 그들을 직접 마주할 일은 그리 많지 않습니다. 우리는 매일 밤 범죄자와 대결하는 배트맨의 삶을 살지 않기 때문입니다. 그래서 저는 아들에게 걱정하지 말라고 안심시켜 주었습니다. (그런데도 아들은 싸워 물리쳐야 할 괴물이 필요한 모양입니다.)

배트맨보다 유명한 악당들

배트맨 영화에는 배트맨 못지않게 영화 속 악당도 유명합니다. 영화 〈다크 나이트〉(2008)에서 존재감을 드러낸 '조커'라는 캐릭터는 그 역할을 맡았던 배우 히스 레저(Heath A. Ledger)의 실제 죽음과 관련하여 많은 사람의 기억 속에 남아 있습니다. 그러나 개인적으로 배트맨 영화에서 악당의 매력을 제대로 느껴 보고 싶다면, 팀 버튼(Timothy Burton) 감독의 두 번째 배트맨 영화, 〈배트맨 2 - 배트맨 리턴즈〉(1992)를 추천하고 싶습니다. 영화 〈비틀 쥬스〉, 〈가위손〉, 〈크리스마스의 악몽〉 등을 통해 기괴한 매력을 뽐내는 팀 버튼 감독은 이 작품에서도 자신만의 기괴한 연출을 보여 주었습니다.

이 영화는 배트맨 영화이기 이전에 팀 버튼 영화라는 평이 있을 정도로 몽환적이고 동화 같은 분위기가 일품입니다. 이 영화에서 빼놓을 수 없는 점은 바로 악당들(캣우먼, 맥스 슈렉 등)인데, 그중에서도 '펭귄'은 정말 압도적인 모습으로 등장합니다. 대니 드비토(Danny DeVito)라는 배우는 잘 몰라도 〈배트맨 리턴즈〉의 악당 '펭귄'은 한 번쯤 본 적이 있을 것입니다. 감독은 '아이스버그 라운지를 운영하는 조류를 좋아하는 평범한(?) 마피아 보스인 원작의 펭귄'을 전혀 다른 모습으로 창조해 냈습니다.

먼저, 하수구에서 버려진 아이가 펭귄에 의해 길러졌다는 설정으로 시작합니다. 그래서 이 악당은 진짜 펭귄처럼 살아갑니다. 그 모습은 괴이한데, 손가락 모양이 펭귄처럼 특이하고 걸음걸이까지 독특합니다. 그리고 생선을 날로 씹어 먹기도 합니다. 이 모습을 보고 느꼈던 제 어린 시절의 충격이 아직까지 남아 있습니다. 그의 광기는 영화를 보는 내내 가히 충격이었습니다. 영화는 펭귄을 원작과 차별된 캐릭터로서 극도의 애정 결핍을 가진 악당으로 묘사했습니다. 당시까지만 해도 '펭귄맨'이라 불렸던 이 악당은 많은 사람에게 〈다크 나이트〉의 조커가 나오기 전까지 '배트맨의 악당' 하면 가장 먼저 떠오르는 인물이었습니다. 심지어 최근에는 악당이 주인공이 된 영화들까지도 제작되었는데, 2019년 영화 〈조커〉를 통해 명배우 호아킨 피닉스(Joaquin Phoenix)가 조커를 주인공으로 되살려 내어 호평을 받았습니다. 히스 레저의 〈다크 나이트〉 속 조커를 누가 감히 연기할 수 있을까 했던 그 걱정은 기우에 불과했죠. 그 외에도 악당들이 힘을 합쳐 세상을 구하는 〈수어사이드 스쿼드〉(2016), '할리퀸'을 중심으로 한 여성 빌런들의 활약을 다룬 〈버즈 오브 프레이 할리퀸의 황홀한 해방〉(2020), 5년 만에 다시 리부트된 〈더 수어사이드 스쿼드〉(2021)까지…. 배트맨 세계관 속 악당들이 주인공으로 설정된 영화가 최근 많이 제작되고 있습니다. 심지어 앞서 언급한 이 영화들에는 배트맨이 나오지 않습니다. 배트맨 없는 배트맨 영화가 있을 정도로 배트맨 세계에서의 악당들은 그만큼 굉장히 중요한 존재임을 알 수 있습니다.

여기서 "배트맨으로 살아가는 그리스도인"이라는 이 책의 명제가 가장 큰 위기에 봉착하게 됩니다. 기독교인들은 악당과 결투를 하며 살아야 하는가? 현실에 그런 악당이 없다는 것쯤은 여섯 살 된 우리 아들도 아는 사실인데 말입니다. 그럼 배트맨으로 살아가는 그리스도인은 누구와 결투를 하며 살아가야 하는 것일까요?

악당을 만드는 이들

교회 안에는 분명히 악당이 존재합니다. 이른바 개신교의 4대 혐오. '진화론', '공산주의', '동성애', '이슬람' 뒤에 사람(子)을 붙이면 그들은 악당이 됩니다. '진화론자', '공산주의자', '동성애자', '이슬람교도'들과 오늘날 한국 교회는 치열한 전투를 벌이고 있습니다. 공산화를 막기 위해 보수적인 후보에게 적극적으로 투표하며(반면, 보수 후보의 무속 의존 성향을 이유로 반대한 다른 그룹도 있었습니다.) 동성애의 확산을 막기 위해 '차별 금지법'에 반대하고 있으며, 진화론과 이슬람에 대해서도 대화를 통한 이해를 시도하기보다 이미 답을 정해 놓고 행동하는 듯합니다. 한 연구 논문은 예배 참석 빈도가 높고 신앙심이 깊을수록 이러한 배타성이 강하게 나타난다고 지적하기도 했습니다.[8] 이처럼 기독교인은 정죄하고 막는 보수(保守) 성향이 강합니다.

앞선 장에서 언급한 청년들의 삶의 문제, 술, 성 문제도 마찬가지입니다. "기독교인이라면 술을 마시면 안 돼.", "혼전 순결은 하나님과의 약속이야. 안 돼." 안 돼, 안 돼. 율법에도 긍정문 248개에 비해 부정문이 365개로 더 많다고는 하지만, 현재 한국 교회 율법 안에는 '안 되는 것'만이 남아 버린 듯합니다.

8 윤신일, 오세일, "한국 근본주의 개신교인의 '4대 혐오'에 관한 연구", 『한국사회학』 no.55(2021): 39-88.

많은 한국의 교회들은 악당을 만들어 내고 있습니다. 그 결과, 교회의 수많은 악당이 존재하고 있습니다. 어쩌면 이 악당들 때문에 교회의 울타리는 벽으로, 견고한 성벽으로 변할지도 모르겠습니다. 이러한 한국 교회를 보면 영화 〈다크 나이트〉 속 조커의 대사가 떠오릅니다. 공포에 질려 있는 마피아 두목의 입에 칼을 넣으면서, 웃는 얼굴을 만들어 주겠다고 하며 했던 조커의 말은 이것입니다.

"Why so Serious?"(왜 그리 심각해?)

율법을 사랑으로 완성하셨지만…

예수님께서는 우리의 평화이시며 양쪽으로 갈라져 있는 것을 하나로 만드신 분이십니다. 그는 중간에 막힌 담을 자기 몸으로 허무셔서, 원수 된 것을 없애시고, 법조문으로 된 계명의 율법을 폐하셨습니다(엡 2:14-15). 그리고 율법을 완성하셨습니다(마 5:17). 율법을 율법으로 완성하신 것이 아니라, 사랑으로 완성하신 것입니다. 그럼에도 우리는 종종 예수님께서 십자가에 달려 이미 승리하신 싸움을 신뢰하지 못하고, 아직도 이 땅에서 율법으로 맞서 싸우고 있습니다. 그 결과, 이 땅의 젊은 기독교인들은 자기모순에 빠지고 있습니다.

언젠가 기독 청년들의 술자리 모임에 비공식적으로 초대된 적이 있었는데, 당시 저는 이들이 각자 술을 마시는 것까지는 이해했지만 신앙생활 하는 친구들끼리 모여서 술을 마시는 것은 이해

가 되질 않았습니다. 왜 굳이 믿는 사람들끼리 술을 마시냐는 제 질문에 그들은 "술은 친한 친구들끼리 마셔야 맛있으니까요."라고 대답했습니다. 저는 그때 청년들의 삶을 한 번 더 배울 수 있었습니다. '아, 이건 더 이상 막을 수가 없구나.'

물론 술이 주인 되는 것은 막아야 하지만, 율법을 사랑으로 완성하셨음에도 아직까지 법의 잣대로만 그리스도인의 삶을 정죄한다면 점점 청년들의 삶의 괴리는 커지고 말 것입니다. 제발 '옳고 그르다'로만 이야기하지 않았으면 좋겠습니다. 왜 이렇게 되었을까요? 그들에게 필요한 것은 무엇일까요?

법이 있으면 쉬워지고 편해집니다. 법이 정해져 있으면 그 법을 어기는 사람이 악당이 되고, 그들과 싸우면 그만입니다. 진화론, 공산주의, 동성애, 이슬람, 무속 신앙, 술, 담배, 혼전 성관계 등의 문제 앞에서 의무 윤리인 율법은 무엇이 죄인지를 잘 드러냅니다. 그러나 살아 있는 하나님의 말씀은 관점에 따라 이 문제들이 죄로 여겨지게도 할 수 있고, 관용의 영역으로 넘어갈 수도 있게 합니다. 그래서 저마다의 해석을 가지고 싸우게 되는 것인지도 모르겠습니다. 제가 현장 목회를 하지 못하는 것은 이러한 연역적인 사고를 하지 못하기 때문인 것 같습니다. 저는 답을 정해 놓고 싸우는 것이 너무 불편합니다.

제가 믿는 하나님은 율법보다 먼저 사랑으로 이 세상을 다스리십니다. '된다' 혹은 '안 된다'를 판가름하기 이전에 우리는 모두 하나님의 사랑을 입은 자들입니다. 우리가 살아가고 있는 세상의 가치도 이제 고전적인 의무 윤리보다 사회적 책임을 강조하는 책임 윤리가 더 중요해졌습니다. 배트맨은 악당이 너무 많아서 문제인데, 우리가 일부로 악당을 만들어 낼 필요는 없다고 생각합니다. 실제 우리의 삶도 그렇게 단순하지 않습니다. 복잡한 세상 속 함께 살아가는 이웃들이 중요한 시대입니다. 이웃과의 관계는 '율법'보다 '사랑'과 '책임'이 우선시 됩니다. 우리는 사람들과 함께 살아가는 세상에서 타자에 대한 책임의 삶을 살아가고 있습니다. 남에게 해를 끼치지 않는 것이 첫 번째요, 어려운 이들이 있다면 도와주는 것이 성숙한 그리스도인들에게 당면한 과제입니다.

저의 이러한 생각이 경각심을 늦춰 버려 우리나라가 '공산화'가 되어 버린다면, 정말 속상할지도 모르겠습니다. 그래도 십자군을 모아 전쟁을 하는 것보다 죄인들의 친구가 되어 주는 것을 하나님께서 기뻐하시지 않을까요? "무엇보다도 먼저 서로 뜨겁게 사랑하십시오. 사랑은 허다한 죄를 덮어 줍니다."(벧전 4:8, 새번역) 예수께서 몸소 행하셨던 것처럼, 우리는 누군가를 감히 죄인이라 낙인찍을 수 없고, 설령 죄인이 있다고 하더라도 죄인들은 악당이 아닙니다. 오늘날의 악당이 이 사회에서 법을 어기며 남에게 피해를 끼치거나 고통을 주는 사람이라면, 죄인은 원죄를 가지고 태어난 모든 사람입니다. 악당은 법의 심판을 받지만, 죄인은 그리스도로 말미암아 자비로운 하나님의 은혜를 입습니다.

그렇다면 악당이 없는 것인가?

그러면 도대체 배트맨으로 살아가는 그리스도인에게 있어 악은 무엇일까요? 오늘날 벌어지는 현상에 더욱 집중해 보면 금방 답이 나옵니다. 더 이상 죄인이 악당이 아니게 되면 우리의 진짜 악은 죄가 아닌, '삶의 무게' 그 자체가 됩니다. 무엇이 우리를 슈퍼히어로로 살지 못하게 하는지 생각해 봅시다. 교회 안팎 구분할 것 없이 멋진 그리스도인의 삶을 살아 내지 못하고, 교회를 떠나야 하는 이유가 무엇인가요? 교회 내부가 아닌 외부에서 찾아볼 때 그것은 우리가 살아가는 '삶의 무게'라고 생각합니다.

배트맨 세계의 고담시(Gotham City)를 떠올리면 공감할 수 있을 것입니다. 배트맨이 거주하며 활동하는 도시의 이름이 바로 '고담'인데, 이 이름은 19세기부터 이어진 뉴욕시의 오래된 별명이기도 합니다. 구약 성경의 소돔과 고모라의 이름에서 유래되었다는 설도 있습니다. 배트맨의 도시를 고담이라고 하게 된 데에는 최초의 배트맨이 탄생했던 1939년 마피아의 근거지, 경제 불황의 어두웠던 뉴욕을 보며 그 이름을 사용한 것으로 알려져 있습니다. 배트맨 세계의 설정상, 이 어둠의 도시는 도시 자체가 악당들을 육성합니다. 고담시에서 '카르미네 팔코네'나 그의 라이벌 '살 마로니'와 같은 마피아 세력들의 등장은 당연합니다. 더욱이 영화 속에서는 기괴한 악당들이 더 많이 등장하는데, 오죽하면 고담시에서 범죄자들을 가두는 '아캄 수용소'는 교도소이자 정신 병원입니다. 영화 〈더 배트맨〉(2022)에서 '리들러'는 고아원 출신으로서 결국 사회에 의해 버려진 이로 묘사되었는데, 비극적인 도시가 결국 악당들을 만들어 내었습니다.

대한민국의 상황도 그와 크게 다르지 않습니다. 현실이 우리의 삶의 무게를 더하고 있습니다. 희대의 살인마 유영철과 강호순의 시대가 가고 'N번 방 사건' 등의 여러 가지 '신종 빌런'들이 등장하고 있습니다. 하지만, 여기서 이러한 사회를 고발하고 싶지는 않

고담시의 악당들

1989년 영화 〈배트맨〉부터 등장한
악당들을 열거하면 다음과 같다.
이런 도시에서 과연 살아갈 수 있을까?

[모던 에이지]

| 조커

| 펭귄, 캣우먼, 맥스 슈렉

| 투페이스, 리들러

| 미스터 프리즈, 포이즌 아이비, 베인

[다크 나이트 트릴로지]

| 라스 알 굴, 스케어 크로우

| 조커, 투페이스

| 캣우먼, 탈리아 알 굴, 베인

〈더 배트맨〉

| 리들러, 펭귄, 캣우먼, 보이지 않는 아캄 죄수

습니다. 배트맨처럼 '배트맨 그리스도인'들이 직접 맞서 싸워야 할 대상은 아니니 넘어가도록 합시다. 대신 배트맨 그리스도인들이 싸우고 있는 현실 몇 가지만 짚어 보겠습니다.

악당은 바로…

무한 경쟁 사회는 청소년들을 입시 지옥에 가두었습니다. 주 52시간 근무제가 정착되고 있지만, 청소년들은 주말에도 하루 12시간씩 학업을 이어 가야 합니다. 학원 특강으로 주일 예배를 빠지는 것은 교회가 양해해 줘야 하며, 과장 조금 보태서 고3 수험생이 되면 교회에서 안 보이는 것이 미덕이 된 현실입니다. 대학 입시에 성공해 멋지게 돌아온 청년들은 신앙생활을 방해하는 수많은 유혹들을 마주하게 됩니다. 입시라는 큰 목표를 이루고 나니 허탈감에 빠져서 유흥을 즐기기에 바쁜 청년들도 있고, 또 다른 목표를 세우고 학업에 열중하면서 동아리 활동, 자격증 취득, 대외 활동 등 스펙 쌓기에 치중하는 청년들도 있습니다. 신앙생활은 유흥을 즐기거나 자신의 스펙을 쌓는 데 별 도움이 안 됩니다. 스펙을 열심히 쌓다 보면 자연스레 교회와 멀어집니다. 취업을 하면 끝일까요? 학업을 통해 받는 스트레스는 사라지겠지만, 주 52시간 근무제가 예배를 살리지는 못하는 것 같습니다. 어렵게 입사한 회사에서 살아남기 위해서도 많은 노력이 필요합니다. 게다가 연애도 해야 하고, 돈도 열심히 모아야 하고…. 그러니 주일 아침에 일어나 예배하러 가는 발걸음은 정말 위대하다 말하지 않을 수 없습니다. 이 모든 장애물을 극복한 것이기 때문입니다. 여기까지 잘 살아남아 결혼을 앞두고 있는 배트맨 그리스도인들은 정말 대단한 사람들입니다.

배트맨은 고담시의 평화를 지키기 위해 수많은 악당들을 무찔렀지만, 80년이 넘도록 아직도 싸우고 있습니다. 교회 안의 청년들도 마찬가지입니다. 아직도 싸워야 할 것들이 많이 남아 있습니다. 그리고 앞의 문제와 조금 다른 문제도 발생하는데…. 정신을 차리고 옆을 돌아보면, 함께 신앙생활을 하던 친구들이 별로 남아 있지 않음을 알게 됩니다. 저 같은 경우에도 중고등학생 시절부터 같이 신앙생활 했던 친구들이 10명 있었는데, 20대에는 딱 절반인 5명만이 남았습니다. 이내 신학생이 된 저와 친구 한 명이 모교회를 떠나자 3명이 남았고, 30대가 된 오늘에는 주일에 어머니를 모시고 교회를 왔다 갔다 하는 친구 한 명이 남아 있습니다. 남아 있는 친구에게 닥친 문제가 무엇인지 아시겠죠? '아 외롭다. 교회 안에 친구가 없다.' 결혼을 하면 대부분 청년부에서 장년부에 소속이 되는데, 결혼하여 청년부를 떠나게 되면 상대적으로 영적 돌봄을 받는 대상에서 멀어지게 됩니다. 외로움은 더해 갑니다. 그래서 보호의 대상이 아닌 스스로 신앙생활 하고 자립할 수 있어야 하는데, 제대로 된 준비 없이 장년이 되는 경우가 많습니다. 교회 안에 젊은 부부가 많이 사라졌습니다. 아이를 낳고 육아를 하며 육아 동지를 교회에서 찾는다면 배트맨 그리스도인으로 살아남는 데 큰 도움이 될 것입니다.

하지만 육아 동지를 찾는 일보다 육아로 인해 지쳐 쓰러질 확률이 더 높습니다.

자, 여기까지만 하겠습니다. 교회를 어렸을 때부터 다닌 사람이라면 누구나 아는 이야기를 적어봤습니다. 정말 속상합니다. 그러니 그 누가 감히 이 시대의 기독 청년들을 정죄할 수 있겠습니까. 라인홀드 니버(Reinhold Niebuhr)는 종교의 힘보다 사회의 악이 더 강하다고 주장합니다. 그는 『도덕적 인간과 비도덕적 사회』에서 "어떤 사회도 정의로울 수 없다는 것, 그리고 사회의 잔인성과 불의를 벗어날 수 있는 방법이 순수한 정신을 가진 사람에 의해서는 찾아질 수 없다는 것을 인정해야만 한다."[9]라고 말했습니다. 저는 개인적으로 니버의 말을 반박하고 싶습니다. 그것이 정말 불가능한 일이라고 인정하고 싶지 않습니다. 그러나 순수한 정신만 가지고서 잔인하고 불의한 사회를 변화시키는 것은 정말 어려운 일임이 분명합니다. 배트맨으로 살아가는 그리스도인들에게 악당은 이러한 삶의 무게들입니다. 신앙을 가지고 이 세상을 변화시키기는커녕, 살아남는 것 자체가 힘든 세상입니다. 이 무게를 견뎌 내고 나면 찬란한 하늘의 보상이 있기를 소망합니다. (물론 단순히 견디기만 해야 하는 것은 아닙니다. 이 땅에서도 할 일이 아직 많습니다.)

9 라인홀드 니버, 『도덕적 인간과 비도덕적 사회』 (서울: 문예출판사, 2004), 149.

악당이 없어도 우리는 영웅이다

현실에서도 진짜 악당이나 괴물이 있냐는 아들의 질문에 저는 "이 세상 자체가 악당이야."라고 말하곤 합니다. 이 심오한 뜻을 언제쯤 공감하고 이해할 수 있을까요? 이러한 세상을 물려줘야 한다는 것이 마음 아픕니다. 오늘도 영웅이 되고 싶다는 아들 녀석에게 저는 이렇게 말해 주었습니다.

"이 세상을 열심히 살아가는 우리 모두가 이미 영웅이야."

2부

정체성

나는 누구인가?

배트맨으로 살아가는 그리스도인은 누구인가?

WHO?

지금까지 앞선 장에서는 배트맨으로 살아가는 그리스도인이란 도대체 무엇인지, 배트맨과 기독교인이 어떻게 연결될 수 있는지를 살펴보았다. 여기까지 따라온 독자라면 왜 굳이 배트맨을 가지고 그리스도인의 삶을 이야기하는지 어느 정도 공감했을 것으로 기대한다. 나의 발칙한 상상이 친숙하고 가벼운 것으로서 쉽게 접근하여 기독교인의 삶에 대한 진지한 고민을 시작할 수 있기를 기대한다.

이제 다음 물음으로 넘어가자. 그리스도인이 배트맨으로 살아간다는 것은 도대체 무슨 의미인가? 배트맨과 닮은 그리스도인은 누구인가? 우리가 무엇을(3부) 어떻게(4부) 할지에 대해 생각하기 이전에 내가 누구이며, 왜 이런 삶을 살아야 하는가에 대해 먼저 생각하는 것이 중요하다.

사회에 던져진 그리스도인들

슈퍼히어로의 탄생

제가 본격적으로 배트맨에 입문한 시기는 20대 시절이지만, 10대 청소년 시절에도 슈퍼히어로 영화를 즐겨 보았습니다. 그래서인지 저는 제가 누구인지에 관해 심각하게 고민하게 되었습니다. 평범한 한 인물이 우연히 힘을 얻고 그 힘을 어떻게 써야 하는지 고민하며 자신을 알아 가는 부분에서 깊은 감명과 도전을 받았습니다. 기억에 남는 영화는 〈스파이더맨 1〉(2002)과 〈반지의 제왕: 반지 원정대〉(2001)인데, (스파이더맨의 이야기야 워낙 유명해서 부연이 필요 없을 것이고) 특히 반지의 제왕은 비록 슈퍼히어로 영화가 아님에도 개인적으로 정말 사랑하는 시리즈입니다. 보잘것없고 평범한 난쟁이 호빗족인 주인공 프로도가 자신의 소명을 찾아가는 과정은 저의 신앙과 정체성을 찾아가는 데 정말 큰 도움이 되었습니다. 그리고 두 작품의 주인공인 '피터 파커'와 '프로도 배긴스'는 중학생 시절 저의 삶 그 자체였습니다.

누구에게나 친숙할 만한 스파이더맨 영화는 21세기에만 세 시리즈로 제작되어 각기 다른 스파이더맨의 이야기를 만날 수 있습니다. 샘 레이미 감독의 스파이더맨 시리즈, 어메이징 스파이더맨 시리즈, 그리고 마블 시네마틱 유니버스의 스파이더맨 시리즈가 있는데, 같은 인물을 가지고 다른 서사와 연출을 보는 매력이 있습니다. 심지어 최근에 나온 스파이더맨 영화 〈스파이더맨: 노 웨이 홈〉(2021)에는 세 배우의 스파이더맨이 동시 출연하여 엄청난 환호를 얻기도 했습니다. 저는 스파이더맨의 많은 서사 중에서도 영웅이 되는 과정이 가장 재미있는데, 그것을 가장 잘 표현한 영화는 〈스파이더맨 1〉(2002)이라고 생각합니다. 우연히 거미줄의 능력을 얻은 한 소년이 사랑하는 벤 삼촌의 죽음을 통해 "큰 힘에는 큰 책임이 따른다."라는 교훈을 얻는데, 이는 스파이더맨 영화 전체를 관통하는 주제이기도 합니다.

특히 어릴 적 남들이 모르는 힘을 얻고서 어떻게 해야 할지 모르는 그들의 모습이 기독교 신앙을 진지하게 받아들이던 당시의 저에게 적잖은 감동과 위로가 되었습니다. 그리고 결국 청소년기 저의 삶은 그 힘을 올바르게 사용하기 위해 신학교 입학이라는 위대하고 위험한(?) 선택을 하게 되었는데, 아직 미생인 지금까지의 삶을 되돌아보면 그 선택을 후회하진 않습니다. (어차피 시간을 되돌리는 능력도 없고요.)

브루스 웨인의 상처

평범한 주인공이 영웅이 되어 가는 과정은 저뿐만 아니라 다른 사람들 또한 재미있게 볼 수 있는 부분입니다. 잠시 배트맨의 옆 동네 마블의 스파이더맨 이야기를 했지만, 영화 〈배트맨〉에서도 브루스 웨인이 배트맨이 되는 과정은 굉장히 중요한 부분입니다. 고담시에서 덕망 높은 부잣집 도련님 브루스 웨인은 어느 날 부모님의 죽음을 눈앞에서 목격하는데, 그때부터 범죄에 대해 깊은 고민을 시작하게 되고, 그가 가진 재력을 바탕으로 결국 어둠의 자경단 배트맨으로 활동하게 됩니다. 이러한 배트맨의 시작은 어떤 작품에서나 비슷하게 그려집니다. 배트맨이 말도 안 되는 부자라는 사실에 감정이입이 안 되는 사람들도 그의 어린 시절 부모의 죽음 앞에서는 브루스 웨인을 불쌍히 여길 것입니다.

브루스 웨인 부모의 죽음을 잘 다루는 영화를 추천하자면, 다소 오래된 영화이지만 1989년의 첫 번째 〈배트맨〉을 꼽고 싶습니다. 이 영화는 부모의 죽음과 영화의 전체 주제를 잘 연결했습니다. 팀 버튼 감독은 브루스 웨인의 부모인 토마스 웨인과 마사 웨인의 살해범을 조커로 설정하고, 그를 이후에 배트맨과 싸우는 '메인 빌런'(main villain)으로 설정했습니다. 사실 원작의 부모를 살해한 범죄자는 '조 칠'이고 조커의 본명은 '아서 플렉'입니다. 그러나 이 영화에서는 명배우 잭 니콜슨(Jack Nicholson) 배우가 연기하여 오리지널(original) 조커 캐릭터를 만들어 냈습니다. '잭 네이피어'라는 극 중 조커의 이름은 잭 니콜슨의 이름과 'jackanapes'(건방진 자식), 이 둘의 비슷한 발음의 성(姓)으로 네이피어(Napier)를 사용한 것입니다. 이러한 원작과는 다른 설정의 조커로 인해 팬들의 원성을 사기도 했지만, 세밀한 연출을 통해 영화 전체를 관통하는 아주 중요한 열쇠가 되었습니다. 이 영화는 1960년대 이후 오랜만에 나오는 새로운 배트맨 영화라는 특성이 있기에, 최고의 악당 조커와 부모의 살해범을 동일인으로 설정하여 배트맨의 정체성을 부각시키는 역할을 한 것으로 보입니다.

이처럼, 영화 〈배트맨〉은 원작과 다른 설정의 새로운 조커를 통해 어린 브루스 웨인이 부모를 잃는 과정을 인상적으로 드러냈습니다. 이 영화에서 배트맨은 부모님의 죽음에 대한 트라우마에 시달리며, 자신의 정체성을 고민하는 모습이 많이 보입니다. 심각한 불면증과 강박증을 앓고 있는 배트맨은 우리가 생각하는 것만큼 그리 멋진 슈퍼히어로의 모습이 아닙니다. 심지어 사람을 죽이지 않는다는 배트맨의 유명한 신념은 팀 버튼 영화에서는 찾아볼 수 없습니다. 배트맨은 화학 약통 속에 떨어지는 조커의 손을 아무 표정 변화 없이 냉정하게 내치기도 하고, 건물 옥상에 매달려 있는 조커를 배

트 클로(Batclaw, 갈고리가 달린 와이어를 쏘는 무기)를 이용해 무자비하게 떨어트려 결국 조커를 사망하게도 합니다. (사망 직후 미소를 잃지 않는 조커의 표정이 이 영화의 압도적인 장면 중 하나죠.) 이렇듯 팀 버튼의 첫 번째 배트맨 영화는 고아가 된 배트맨을 정말 잔인하게 그려 낸 작품이지만, 배트맨 탄생의 의미를 심각하게 고민해 볼 만한 영화입니다.

외로운 크리스천 청년들

자신의 정체성을 고민하는 그리스도인이라면 이러한 배트맨의 시작을 먼저 생각해 보면 좋겠습니다. 배트맨의 출발은 그리스도인의 삶, 특히 사회 초년생으로서 세상에 나가는 그리스도인들의 삶과 매우 닮아 있기 때문입니다. 교회와 세상은 다른 곳이 되어 버렸습니다. 세상과 교회를 구분하려는 경향이 있어서일까요? 세상에서 영향력 있는 크리스천으로 살 것을 요청받지만, 정작 교회에서는 세상이 어떤 곳인지 가르쳐 주지 않습니다. 앞선 장에서 말한 그리스도인들이 세상에 나가서 만나게 될 많은 삶의 무게들은 직접 짊어지기 전에는 결코 알 수 없습니다. 적어도 제 경우에는 그랬습니다. 교회에서 가르쳐 주는 세상과 제가 직접 겪은 세상은 달랐습니다. 예수님을 자랑할 여유가 없는 곳이었습니다. 당장 내가 미래를 위해 자리를 잡는 것이 더 급했습니다. 안주할 수 없었고 무엇인가를 바쁘게 해야만 했습니다. 가만히 쉴 수 없는 세상이었습니다. 청년들의 삶이 그렇죠. 입시, 아르바이트, 스펙 쌓기, 그리고 취업의 벽을 넘으면, 결혼과 출산과 육아라는 더 큰 성이 기다리고 있습니다. 교회 안에서는 율법으로 다스리려고 하는데 삶은 그렇지 않습니다. 교회 안에서는 주님의 말씀부터 가르침이 시작되는데, 삶은 하늘이 아닌 땅에서부터 시작되기 때문입니다. 이러한 교회의 가르침은 실제 세상에 적용하기 쉽지 않음을 느낄 때가 많습니다. 이유야 어찌 되었든 안타깝게도 많은 크리스천 청년들은 세상 속에서 고아와 같이 고군분투하며 살아가고 있습니다.

그래서 교회에서 열심히 신앙생활 하고 교회 안에서의 삶이 익숙한 청년일수록 이러한 어려움을 겪기가 쉽습니다. 신앙생활을 열심히 하던 청소년들이 대학에 가서 화려한 세상 문화를 접하고 교회로 돌아오지 못하는 현상을 많이 보게 됩니다. 제가 만난 한 청년은 고등학생 때 교회 안에서 리더로 섬기며, 모범적인 모습을 보였던 전형적인 헌신된 그리스도인이었습니다. 그러나 좋은 대학에 가서 동아리 활동을 하다 친구들을 많이 사귀게 되었고, 주말에 친구들과 여행을 가는 일이 잦아지다 보니 점점 보기 힘들어졌는데, 그 이유를 묻자 "목사님께 죄송해서 교회를 못 나오겠다."라고 했습니다. 이게 목사님에게 미안할 일은 아닌데 말입니다.

교회 안의 청년들이 세상에서 외로움을 겪는 일이 많이 일어나고 있습니다. 예전에는 회사마다 신우회가 많이 있었던 것으로 기억합니다. 저는 중고등학교를 서울의 한 사립 학교로 다녔습니다. 사립 학교의 특성상 선생님들이 한 학교에서 오래 근무합니다. 그래서 서로 친하게 지내시면서 신우회 활동을 하는 선생님들이 계셨는데, 이분들은 교회 다니시는 것을 부끄러워하지 않으시고 학생들에게 당당히 소개하기도 하셨습니다. 정말 멋진 모델이 되어 주셨습니다. 중고등학교 때 신우회 소속 선생님의 따뜻한 가르침들은 큰 위로와 도전이 되었습니다. 이제 수년이 지나 선생님들이 은퇴하셔서 학교 안에 신우회 모임은 없어지고 크리스천 선생님들의 영향력이 점점 약해지고 있다는 소식을 들었습니다. 이것이 비단 학교만의 현상일까요?

바야흐로 개인의 취향이 존중받는 세상이 되었습니다. 각종 동아리 모임은 활성화되지만, 신우회 등 세상 속 기독교 모임은 점점 축소되고 있습니다. 한 로펌의 월례 예배의 설교자로 초청되어 간 적이 있는데, 바쁜 가운데서도 점심시간을 쪼개어 예배 및 모임을 하시는 분들을 보며 설교자인 제가 더 은혜를 많이 받았던 경험이 있습니다. (아직 희망은 있다고 믿습니다.) 예배 후 교제를 나누며 들은 안타까운 이야기는, 수년 전에 비하면 점점 모이는 숫자가 줄어들고 있다는 것이었습니다. 요컨대, 세상 속 그리스도인들은 외로움과 불안이 강하고, 그 안에서 점점 모이기도 힘든 세상이 되었다는 것입니다.

초대 교회, 위대한 신앙의 선배들

사실 오늘날보다 더 힘들게 신앙생활을 했던 이들이 있었습니다. 우리의 대장 되신 예수님께서는 이 세상에서 함께 살아가고 계시지는 않지만, 쉽게 생각해 보면 예수님과 동행했던 제자들이 십자가 죽음 이후 겪었을 아픔의 크기는 부모를 잃은 브루스 웨인의 것과 크게 다르지 않았을 것입니다. 예수님께서 극적으로 부활하신 이후 제자들은 주님과의 동행을 기대했겠지만, 주님은 제자들의 곁을 떠나 승천하셨습니다. 바로 이 시기의 기독교인들은 우리보다 더 힘든 시절을 보냈을 것입니다. 슬픔을 이겨 낼 여유도 없이 그들은 박해받고 순교했습니다.

이러한 고아 된 슬픔에도 불구하고, 초대 교회 성도들은 죽음을 무릅쓰고 자신들이 그리스도인임을 자랑했습니다. 그리스도인의 핍박과 환난은 자랑이었고(살후 1:4), 그 안에는 끈끈한 성도 간의 사랑이 있었으며, 이들은 세상의 자랑을 포기했습니다. 세상의 자랑을 내려놓고 서로를 위해 자기 목숨을 내어 줄 만큼 사랑했습니다. "그리스도께서 우리를 위하여 자기 목숨을 버리셨습니다. 이것으로 우리가 사랑을 알게 되었습니다. 그러므로 우리도 형제자매를 위하여 목숨을 버리는 것이 마땅합니다."(요일 3:16, 새번역) 이처럼 초대 교회 성도들은 그리스도의 희생을 기억하며 다른 사람을 위해 죽는 삶을 당연하게 여기며 살았던 것입니다.

오늘날 이러한 기준으로 살아가는 진정한 그리스도인들이 얼마나 있을까요? 오늘날 비호감인 기독교는 초대 교회의 박해와 비교하면 정말 작은 수준의 불편함일 텐데도, 많은 청년 기독교인들은 세상에서 기독교인으로 사는 것을 자랑하지 못하고 믿음의 동지들조차 찾지 못하고 있습니다. 희생이 포함된 사랑을 하기에 우린 너무 연약한 존재가 되었습니다. 이제는 어려움에 빠진 청년들을 위로하는 일과 더불어 이들을 더더욱 응원해야 합니다. 희생 없는 사랑에 익숙해진 청년들이 세상에서 교회를 자랑할 수 있도록 격려해야 합니다. 그렇게 하기 어려움에도 불구하고 말입니다. 환난과 박해 가운데서도 이겨 냈던 초대 교회 믿음의 선배들은 예배 공동체이면서, 생활 공동체였습니다. 하늘의 하나님께 예배하면서, 이 땅에서 일어나는 삶의 문제를 공유하고 함께 해결해 나갔습니다. 그때 놀랍게도 주님의 교회가 세워졌습니다.

> 그러는 동안에 교회는 유대와 갈릴리와 사마리아 온 지역에 걸쳐서 평화를 누리면서 튼튼히 서 갔고, 주님을 두려워하는 마음과 성령의 위로로 정진해서, 그 수가 점점 늘어갔다. _행 9:31, 새번역

고아같이 너희를 버려두지 않으리

배트맨 이야기로 돌아가 봅시다. 배트맨은 이 위기를 어떻게 극복해 냈을까요? 작은 힌트를 던지며 마무리하려고 합니다. 배트맨에게는 많은 유산이 있었습니다. 그러나 그의 유산보다 그에게 더 위로와 힘이 되었던 것은 바로 그의 집사 '알프레드 페니워스'였습니다. 알프레드는 유일하게 배트맨의 정체를 알고 그를 힘껏 도왔습니다. 자세히 설명하지 않아도 배트맨의 마음을 읽고서 도와주고 수습하며, 배트맨 혹은 브루스 웨인에게 쓴소리도 과감히 할 수 있는 아버지와 같은 인물입니다.

다크 나이트 시리즈의 시작이자, 배트맨의 탄생을 다룬 〈배트맨 비긴즈〉(2005)에서는 웨인 가문의 저택이 불타는 상황에서, 자

신은 아버지가 남기신 소중한 유산을 지켜 내지 못했다며 슬퍼하는 브루스 웨인과 알프레드의 대화가 나옵니다. 아버지가 일궈 놓은 모든 것이 무너져 속상해하는 브루스 웨인에게 알프레드는 "웨인 가(家)의 유산은 건물이 아닙니다."라고 위로합니다. 또, 고담을 구하고 싶었는데 결국 실패했다는 브루스의 말에는 "추락하면 올라갈 길을 찾으시면 됩니다."라는 유명한 대사를 하며 위로합니다. 마지막으로 여태 날 포기 안 했냐는 브루스의 질문에 "결코요."라고 짧게 대답하며 해당 신은 마무리됩니다. (알프레드 패니워스를 연기한 마이클 케인의 "NEVAH!"(네바) 라는 발음이 인상적입니다.)

> **브루스:** 내가 무슨 짓을 한 거죠? 아버지가 남기신 소중한 유산인데….
> **알프레드:** 웨인 가의 유산은 건물이 아닙니다.
> **브루스:** 고담을 구하려 했지만 실패했어요.
> **알프레드:** 추락하면 올라갈 길을 찾으시면 됩니다.
> **브루스:** 여태 날 포기 안 했어요?
> **알프레드:** 결코요! (NEVAH!)

예수님께서도 우리를 버리지 않으셨습니다. 고아같이 너희를 버려두지 않으시고, 다른 위로자, 보혜사를 보내 주신다고 약속하셨으며(요 14:16-18), 그 보혜사 성령님께서는 오늘도 우리와 함께하시고 살아 역사하십니다. 오늘날의 한국 교회가 사회적 지탄을 받으며 자랑하지 못하게 되어도, 우리에게는 살아 계신 위로자가 계십니다. 오늘날 안타까운 교회의 모습을 생각하며 예수님께 "정녕 포기

알프레드 페니워스

브루스 웨인의 집사 알프레드는 〈페니워스〉라는 제목의 배트맨 프리퀄 TV 드라마로도 제작될 정도로 배트맨 세계에 있어서 중요한 인물이다. 우리나라에서도 십여 년 전, TV프로그램인 개그콘서트에서도 등장한 영국의 권위 있는 귀족 세바스찬의 하인의 이름이 바로 이 "알프레도"였다. (당시 "나가 있어~!"라는 유행어를 기억하는가?)

배트맨 영화 속에서 알프레드를 연기한 배우는 총 5명이다. 먼저 1966년 영화 〈배트맨〉의 알프레드는 배우 '앨런 네이피어'(Alan Napier)이다. 그의 성은 1989년 배트맨 영화의 오리지널 조커(잭 네이피어)의 성으로 사용되었다. '마이클 고'는 팀 버튼과 조엘 슈마허 감독의 영화, 즉 모던 에이지(Modern Age of Comic Books) 네 편의 배트맨 영화에서 모두 알프레드를 연기했다. 그 사이 세 명의 배우가 배트맨을 연기했다. 그야말로 마이클 고는 알프레드 그 자체였다. 그러나 그 안에서도 설정의 변화가 눈에 띄는데, 1·2편에서 알프레드는 브루스 웨인을 미스터 웨인(Mr. Wayne), 즉 "웨인 씨"로 부르다가,

3편인 <배트맨 포에버>부터는 "주인님"(Master Bruce)으로 전보다 높여 부르기 시작했다.
오늘날 하인(비서)의 설정은 이때부터 만들어진 셈이다.

이어서 다크 나이트 트릴로지에서는 '마이클 케인'(Michael Caine)이 아버지를 대신하는 보호자 역할을 맡아보여 주었다. DC 확장 유니버스(<배트맨 대 슈퍼맨>, <저스티스 리그>)에서는 '제레미 아이언스'(Jeremy Irons)가 조력자의 모습으로, 정신적 멘토 역할뿐 아니라 기술적 도움도 주는 알프레드를 연기하였다. 마지막으로 가장 최근 공개된 <더 배트맨>에서는 '앤디 서키스'(Andy Serkis)가 젊은 초보 배트맨의 멘토 역할을 담당했다.
<반지의 제왕> 시리즈 속 골룸의 모션 캡쳐 연기자이자 영화 감독인 앤디 서키스는 그동안 보여 주지 않았던 "영국 신사 이미지(알프레드의 캐릭터 설정)"를 보여 주어 화제가 되었다.

이처럼, 배트맨 영화가 다양한 만큼 배트맨 영화 속에서 등장했던 알프레드를 비롯한 배트맨의 조력자들의 모습과 설정을 비교해 보는 것도 재미있다.

하지 않으시나요?”라고 물어봅시다. 누구를 탓하기 이전에, 도와달라고 기도해 봅시다. 우리가 이와 같이 눈물로 기도한다면, 성령 하나님께서 다음과 같이 대답해 주실 것입니다.

“NEVAH!!” (결코!!)

상처 입은 치유자

배트맨 vs 슈퍼맨

배트맨처럼 살아가는 그리스도인은 과연 어떤 사람인가를 이야기하고 있습니다. 앞 장에서는 부모를 잃고 알프레드 집사의 도움을 받아 홀로서기에 성공한 배트맨을 보았다면, 이제는 배트맨, 그는 과연 어떤 영웅인지를 생각해 보려고 합니다.

배트맨(Batman)의 이름은 그야말로 '박쥐 인간'입니다. 그런데 사람들이 많은 슈퍼히어로 가운데 배트맨을 좋아하는 매력 포인트는 무엇일까요? 제가 생각하기에 배트맨의 매력은 감정이입을 하면서 보기 쉬운 캐릭터라는 점입니다. 어떤 이는 "억만장자 브루스 웨인에 감정이입을 할 수 있다고?"라고 반문할 수도 있겠지만, 슈퍼

맨과 비교해 보십시오. 슈퍼맨의 정반대 모습으로 태어난 배트맨은 결단코 강하지 않은 '인간'일 뿐입니다. 반면, 슈퍼맨은 지구를 지키러 온 외계인으로서 태생부터 '슈퍼맨'인 존재입니다. 사람들은 슈퍼맨과 같은 슈퍼히어로가 '필요'할 수는 있겠지만, 태생부터 남다른 외계에서 온 슈퍼맨에게 자기 감정을 '이입'하기는 어렵습니다. 하지만 배트맨은 인간의 연약한 면을 가지고 있습니다. 게다가 이러한 양면성을 넘어 복합적이고 입체적인 인물로 우리와 닮았습니다. 겉은 번지르르한 억만장자의 삶일지 모르지만, 속은 두려움과 공허함으로 상처를 가진 채 살아가는 인간입니다. 어쩌면 그가 부자라는 설정 또한, 인간의 양면성을 극대화하는 장치일 수도 있습니다.

영화 〈배트맨 대 슈퍼맨: 저스티스의 시작〉에서는 배트맨과 슈퍼맨의 대결을 다룹니다. 이 영화는 '저스티스 리그'라는 마블의 어벤져스에 대항할 DC의 슈퍼히어로 팀을 만들기 위한 사전 작업이 되는 작품이라는 데 의미가 있습니다. (이 영화와 DC 확장 유니버스 속 배트맨에 대한 더 자세한 이야기는 12장에서 이어집니다.) 사실 이 두 히어로의 싸움은 체급에서부터 큰 차이가 납니다. 그러나 이것이 영화의 중요한 주제이기도 한데요. 완전히 다른 부류의 히어로 둘을 대치시킴으로써 세상은 어떤 영웅을 원하는가를 묻고 있습니다. 하지만 안타깝게도 그 체급 차이로 인해 어쩔 수 없는 아쉬움이 남습니다. 초능력을 가진 외계인을 인간이 어떻게 이길 수 있겠습니까. 그런데 둘 사이의 싸움은 기대했던 것과는 다른 방향으로 흐릅니다. 둘은 신나게 싸우다 "너의 엄마가 마사?", "우리 엄마도 마사!"를 외치며(?) 화해합니다. 두 슈퍼히어로의 인간성을 드러내려고 했던 감독의 의도가 있었던 것 같지만, 많은 관객의 공감을 얻어 내지는 못했습니다. 이처럼 '인간성'은 잘못 사용하면 위험할 수 있지만, 슈퍼히어로 영화에 있어서는 매우 중요한 주제입니다. 배트맨은 이러한 인간성을 잘 보여 주는 캐릭터입니다.

슈퍼맨으로 살 수는 없을까?

그리스도인의 삶이 슈퍼맨과 같다면 얼마나 좋을까요? 그러나 우리 그리스도인들의 삶은 감히 건드릴 수 없는(untouchable) 슈퍼맨보다 약점이 많은(fragile) 배트맨의 모습과 닮아 있습니다. 왜 하나님은 하나님의 형상대로 지음받은 인간을 깨지기 쉬운 연약한 존재로 만드셨을까요? 예수님을 믿기만 하면 세상을 이길 힘 하나쯤은 주셔야 되는 것 아닌가요? 더구나 예수님께서는 다양한 기적의 능력을 행하시는데, 왜 우리에겐 그와 같은 능력이 하나도 없는지, 누구든 한 번쯤 궁금하게 여겨 보았을 것입니다. 사실 이것은 예수님의 제자들이 가졌던 질문이기도 합니다. 귀신 들린 아들을 고쳐 달라고 하는 아버지의 요청이 있음에도 불구하고, 제자들은 귀신을 쫓아내지 못했습니다. 하지만 예수님께서 나타나셔서 상황을 파악하신 후 치유의 능력은 온전한 믿음을 바탕으로 하는 기도부터 시작한다고 하시며, 믿음을 강조하시고 귀신 들린 아들을 고쳐 주셨습니다(막 9장). 예수님께서는 분명히 말씀하셨습니다. "'할 수 있으면'이 무슨 말이냐? 믿는 사람에게는 모든 일이 가능하다."(막 9:23) 그러나 제자들은 행하지 못했습니다. 그리고 훗날 성령의 능력을 받은 제자들이 각종 기적의 은사를 행하였지만, 오늘날 삶의 기적을 바라는 우리에게는 이런 능력이 잘 나타나지 않습니다.

왜 우리는 이런 능력이 없는 걸까요? 믿음이 부족하기 때문일까요? 아니면 기도가 부족해서일까요? 이런 질문은 청소년들에게 많이 받은 질문이기도 한데요. 어찌 우리가 하나님의 높으신 뜻을 다 이해할 수 있을까 생각하면서도 아쉬운 것은 사실입니다. 이런 질문을 저에게 해오면, 저는 하나님께서 그 시대에 맞는 모습으로 역사하시고 그 시대의 사람들이 이해할 수 있는 방법을 사용하신다고 답변하곤 했습니다. 실제 우리 세상이 외계인들이 침공하고 초능력을 가진 어벤져스가 그것을 막는 세상이라면, 저는 안전에 대한 불안으로 이 세상을 온전히 살아가지 못할 것 같습니다. 하루가 멀다 하고 빌딩이 무너지는데, 누가 빌딩을 세우려고 하겠습니까.

그럼에도 불구하고 사람들은 폭력이 난무하는 세상에서의 위대한 영웅들의 이야기를 소비합니다. 우리 집 여섯 살짜리 꼬맹이의 꿈은 슈퍼히어로입니다. 슈퍼파워를 가지고 악당들로부터 세상을 구하고 싶어 합니다. 하지만 어른이 되어서도 진지하게 슈퍼맨과 같은 슈퍼파워를 가지길 꿈꾸는 사람은 별로 없겠죠. 물론 저는 아직까지 세상을 구할 영웅의 삶을 꿈꾸지만, 슈퍼파워를 포기한 지는 조금 된 것 같습니다.

약점을 무기로

슈퍼파워가 없는 약점이 많은 인간, 배트맨은 인간이기에 매력이 있습니다. 게다가 더욱 특별한 이유는 그가 상처 입은 인간임과 동시에 그 상처를 자신의 강점으로 이겨 내었다는 사실입니다. 그래서 배트맨은 이따금 우리에게 용기를 줍니다.

배트맨 영화에서 브루스 웨인의 공포와 트라우마(trauma)는 빠지지 않는 중요한 테마(Thema)입니다. 〈배트맨〉(1989)에서는 부모의 죽음에 대한 트라우마로 인해 불면증이 나타나기도 했습니다.

〈배트맨 포에버〉(1995)에서는 자신을 공포에 떨게 했던 '박쥐'라는 형상을 가지고 악의 무리를 혼내 주겠다고 하는 어린 브루스 웨인의 모습을 보여 줬습니다. 심지어 부모가 살해당하는 장면을 목격한 트라우마를 해결하지 못해 정신과 상담을 받는 장면도 나오고, 여기서 체이스 머리디언 박사를 만나 사랑에 빠지기도 합니다. (영화의 여주인공 '니콜 키드만'과 비중이 크지 않은 역할을 맡은 '드류 베리모어' 등, 여성 배우들의 전성기 시절을 볼 수 있는 즐거움이 있습니다. 오래된 영화를 다시 꺼내 감상하는 것이 가진 특별한 매력이지요.)

이 테마는 〈배트맨 비긴즈〉에서 더욱 강화됩니다. 영화 〈배트맨 비긴즈〉의 첫 번째 장면은 어린 브루스 웨인이 사고로 우물에 갇히면서 박쥐 떼가 그를 덮치는 사건으로 시작합니다. 본래 브루스에게 박쥐는 공포의 대상이었습니다. 그러나 이 공포를 이겨 내기 위해 훈련하고, 또 이것을 사용한 것입니다. 그리고 브루스는 어둠의 사도들에 의해 훈련을 받고, 이 과정에서 자신의 공포를 이기는 법을 배웠는데, 그들과 걷는 길이 다름을 깨닫고 7년 만에 집으로 돌아오게 됩니다. 이 길에 동행했던 알프레드와 앞으로의 해야 할 일에 관해 이야기를 나누는 장면이 나옵니다. 여기서 브루스는 알프레드에게 범죄에는 극약 처방이 필요하다고 말하며, 자신이 '박쥐 인간'이 되고자 하는 이유를 설명합니다.

> **브루스:** 범죄에는 극약 처방이 필요해요. 난 변할 겁니다. 인간의 나약함을 벗은 상징적 존재로! 영원불멸의 상징으로 변신할 거예요.
> **알프레드:** 어떤 상징이요?
> **브루스:** 단순하면서도 공포스러운….

그렇게 선택한 것이 바로 '박쥐'입니다. 이후 "왜 하필 박쥐인가요?"라는 알프레드의 질문에, 브루스는 다음과 같이 대답합니다.

> **브루스:** 저들에게도 내 박쥐 공포증이 어떤 건지 느끼게 해주려고요.
> (Bats frighten me. It's time my enemies shared my dread.)

반면 이 영화에는 스케어크로우(Scarecrow)라는 별명을 가진 악당이 나오는데, 아캄 수용소의 정신과 의사이자 원장인 그는 공포 가스를 사용하여 사람들을 괴롭힙니다. 그러나 배트맨에 의해 자신의 공포 가스를 맞게 되어, 자기 자신이 공포에 의해 무너지고 맙니다. 공포를 이겨 내고 그것을 활용하는 배트맨과는 달리 자신의 무기에 자신이 무너지는 일이 벌어졌습니다. 그는 결국 공포의 노예가 되는데요. 영화는 이러한 스케어크로우를 통해 배트맨이 공포와 상반된다는 이미지를 보여 주고 있습니다. 즉, 배트맨은 스케어크로우와는 다르게 자신의 약점을 무기로 사용할 수 있는 사람이었던 것입니다.

배트맨 영화 속 히로인(heroine)

배트맨의 고독한 이미지 때문에 배트맨 영화에서 여주인공은 크게 부각이 안 되는 경우가 많다. 슈퍼맨은 '로이스 레인', 원더우먼은 '스티브 트레비'라는 공식 연인이 있지만, 배트맨은 공식 연인이 없다. 대신 그만큼 배트맨의 연인이 많이 등장한다.

● **캣우먼** 가장 유명한 배트맨의 히로인이다. 때때로 악당이지만 배트맨처럼 외로운 인물이다. 배트맨과 닮아서일까? 결국 둘은 연인이 되지는 않고 각자의 길을 걷게 된다. 영화 속 캣우먼은 총 5명이다. 〈배트맨〉(1966)의 리 메리웨더(Lee Meriwether), 〈배트맨 리턴즈〉의 미셸 파이퍼(Michelle Pfeiffer), 단독 영화 〈캣우먼〉의 할 베리(Halle Berry), 〈다크 나이트 라이즈〉의 앤 해서웨이(Anne Hathaway), 〈더 배트맨〉의 조이 크래비츠(Zoë Kravitz).

● **비키 베일** 고담시의 기자이자, 초기 원작 코믹스 속 배트맨의 히로인으로 설정된 인물이다. 그러나 외로운 기사와 기자는 어울리지 않는 한 쌍이었고, 캣우먼을 자극하는 질투의 대상으로 전락하였다. 영화 〈배트맨〉(1989)에서 킴 베이싱어(Kim Basinger)가 연기했다.

● **체이스 머리디언 박사** 〈배트맨 3 - 배트맨 포에버〉에서 처음 등장한 캐릭터로 범죄 정신 분석가이다. 이후에 코믹스에서도 등장하기는 했지만 자주 등장하지는 않았다. 영화에서는 니콜 키드먼(Nicole Kidman)이 연기했다.

● **배트걸(본명: 바바라 고든)** 제임스 고든 경찰청장의 딸로, 원작의 기본적인 설정은 로빈의 연인이었지만, 〈배트맨 레고 무비〉에서는 배트맨의 연인이 되는 과정이 그려진다. 〈배트맨 4 - 배트맨과 로빈〉에서 알리시아 실버스톤(Alicia Silverstone)이 연기한 배트걸은 알프레드의 조카라는 설정으로 극 중 이름은 바바라 윌슨이다.

● **포이즌 아이비** 식물을 조종하고 독을 사용하는 식물학자라는 컨셉의 대표적인 배트맨 세계의 여성 악당이다. 영화 〈배트맨과 로빈〉에서 배트맨과 로빈을 동시에 페로몬으로 유혹하여 위기에 빠뜨리기도 했다. 배우는 우마 서먼(Uma Thurman).

● **탈리아 알 굴** 리그 오브 쉐도우(그림자 동맹)의 대장인 라스 알 굴의 딸이자, 영화에는 아직 등장하지 않았지만 브루스 웨인의 아들 데미안 웨인의 어머니이다. 영화 〈다크 나이트 라이즈〉에서 비중 있는 역할로 마리옹 꼬띠아르(Marion Cotillard)가 연기했다.

● **레이첼 도스** 다크 나이트 트릴로지의 오리지널 캐릭터이다. 어린 브루스 웨인의 소꿉친구이자 첫사랑으로 고담시의 검사가 되어 성인이 된 브루스 웨인과 재회한다. 〈배트맨 비긴즈〉 이후, 〈다크 나이트〉에서 배우가 교체되었다. 교체 사유는 배우 케이티 홈즈(Katie Holmes)의 바쁜 스케줄 때문이라고 한다. 〈다크 나이트〉에서는 메기 질렌할(Maggie Gyllenhaal)이 연기했다.

상처 입은 치유자

우리의 대장 되신 예수 그리스도도 이와 같은 분이 아닐까요? 제가 예수님을 묵상할 때 가장 먼저 떠오르는 이미지는, 오천 명을 먹이시고 파도를 잠잠히 하시며 물 위를 걸으시는 모습이 아닙니다. 저는 나사로의 죽음 앞에서 슬피 우시고, 이 잔을 내게서 멀리하여 달라고 하시면서 눈물 흘리시는 모습이 먼저 떠오릅니다. 스스로가 위대한 신이지만, 연약한 인간의 삶을 살아 내신 것이죠. 예수님께서는 군인 체험을 하러 일일 군대 캠프를 가신 것이 아니라, 인간의 불완전한 삶을 사셨습니다. 그리고 가장 잔인한 방법으로 죽음을 맞이하셨으며, 그 연약함이 세상을 구원할 위대한 사명을 이루는 일에 사용되었습니다.

영성가 헨리 나우웬은 예수님을 상처 입은 치유자라고 표현했습니다. 인간의 고통 앞에서는 같은 고통을 가진 사람들이 환대하고 공감해야 한다고 하는데, 단순한 연민이 아닌 '긍휼'(compassion)이라는 말이 여기에서 사용됩니다. 이 긍휼은 그리스어 성경에서는 '스플랑크니조마이'(σπλαγχνίζομαι)라는 단어로 사용되었습니다. 이는 '창자'라는 뜻을 가진 '스플랑크논'(σπλάγχνον)에서 나온 말로, 뱃속 깊숙한 곳으로부터 우러나와 마음이 움직이는 것을 의미합니다. 마음속에서부터 우러나온다는 표현은 많이 하지만, 창자로부터 공감한다는 표현은 정말 놀라운 표현이 아닐 수 없습니다. 마음으로 아파하는 것이 아니라, 정말 연약한 육신의 창자가 끊어지는 듯한 고통의 앎은 정말 아는 사람만 압니다. 아파 본 사람이 알죠. 연민과 동정의 신이 아닌, 온전한 인간이 되신 그분만의 사랑 방식이 바로 이러한 긍휼입니다. 예수 그리스도는 아십니다. 왜냐하면, 그 자신이 상처를 지닌 연약한 인간이셨기 때문입니다.

저는 아무것도 모르면서 아는 척을 하는 것이 싫습니다. 현대인들이 슈퍼맨에게 박수를 치지 못하는 이유가 바로 이것이지 않을까요? 세상에서 치열하게 살아가고 있는 크리스천 청년들은 자기에게 관심을 가져 주는 목사님보다 함께 고민할 친구가 필요한지도 모르겠습니다. 비슷한 예로, 도시에서 살아가는 사람들은 시골의 삶을 모릅니다. 저희 부모님께서는 젊은 시절, 당시 교단에서 목사 안수를 받으려면 단독 목회 경력이 있어야 했기에 지방으로 내려가 사역을 해야만 했습니다. (아버지께서 강원도 평창에서 담임 전도사 사역을 하던 그때 제가 태어났습니다.) 그곳에서의 단독 목회는 짧게 끝나고 지금은 서울에 살고 있지만, 우리 가족은 평창에 자주 놀러 갔었습니다. 시골에서 살아 본 경험이 없는 저에게 평창이라는 고향이 있다는 것 자체로 친근한 마음이 있었기 때문입니다. 시골에서의 삶은 아버지의 목회에 있어서 큰 도움이 되었는데, 지방에서 올라온 성도들을 대할 때 더욱 잘 공감하고 이해할 수 있게 되었다고 합니다.

저는 비수도권 중소 도시 생활뿐 아니라 사회생활을 경험해 본 목사님들이 많아지면 좋겠습니다. 아파 본 사람이 아픔을 알기 때문에 청년들의 삶을 알고 공감하는 분들이 많아지기를 바랍니다. 지금은 어쩔 수 없이 점점 많은 목사님들이 세상으로 나가고 있습니다. 일하는 목회자들이 많아졌습니다. 이들은 평일에는 사회생활을 하고, 주말에 목회 사역을 감당합니다. 사회생활을 경험하는 목사님이 많아지는 것은 좋은 현상일 수 있지만, 다른 의미에서 안타까운 현실이기도 합니다.

저는 치열하게 본인만의 목회 철학을 가지고 세상과 교회에서 살아가시는 분들을 존경합니다. 더불어 세상의 욕심을 포기하고 목회에만 전념하는 목사님들의 사역 또한 귀하고 존경스럽습니다. 청년들의 삶을 이해하고 공감하며 위로할 수 있는 목회자들이 더욱 많아지기를 바랍니다. 그래서 힘들고 지친 청년들이 마음의 또 다른 부담을 갖고 교회에 오지 않았으면 좋겠습니다. 있는 모습 그대로 이해받고, 위로받을 수 있는 그런 교회가 많아지면 좋겠습니다.

자신의 연약한 모습 때문에 부끄러웠던 적이 있나요? 아무도 이해해 주지 못해 속상했던 적이 있나요? 지금 여러분이 고민하며 힘들어하는 것 자체는 결코 잘못된 것이 아님을 기억하길 바랍니다. 그 상처를 알고, 인간의 아픔을 아시는 예수님께서 우리의 위로자가 되십니다. 여러분 자신이 혼자 짊어질 무게가 아니라는 겁니다. 혹시, 나는 쓰임받지 못할 거라고 여기며 주저하고 있습니까? 내 역할은 없을 것이라고 생각하며 선뜻 용기 내지 못하고 있지는 않습니까? 용기를 내십시오. 부족해서 못하는 것이 아니라, 부족해서 해낼 수 있습니다. 우리도 힘듦을 알기에 누군가의 위로자가 될 수 있습니다. 배트맨처럼 말입니다.

물론 예수 그리스도와 배트맨이 모두 이러한 아픔을 아는 자들이라고 해서, 제가 예수님과 배트맨을 동일시하는 것은 아닙니다. 저는 배트맨주의자도 배트맨 숭배자도 아닙니다. 배트맨에게 이러한 긍휼의 마음이 있는지 없는지는 잘 모르겠습니다.(심지어 배트맨은 복수의 화신입니다!) 하지만, 배트맨으로 시작해서 예수 그리스도의 사랑을 만날 수 있다면, 잘못된 길은 아니라고 생각합니다. 연약한 인간의 슈퍼히어로와 구원자 그리스도의 상징적인 이미지만 겹쳐 보면 그 위대한 사랑으로 가는 길이 더욱 쉬워질 것입니다.

헤르만 헤세의 『데미안』에서 에밀 싱클레어(Emil Sinclair)는 종교적, 사상적으로 완벽한 자인 막스 데미안(Max Demian)을 따릅니다. 그러나 정신적 성숙을 도와주는 이는 바로 그 자신도 상처가 있는 데미안입니다. 아니 어쩌면 따로 존재하지 않는, 또 한 명의 싱클레어이기도 합니다. 이렇게 문학 작품이나 대중문화를 통해서도 우리는 이러한 사랑을 배울 수 있습니다. 배트맨으로 살아가는 그리스도인들은 먼저 상처 입은 자들이지만, 배트맨처럼 자신의 트라우마를 무기로 삼아 타인의 상처에 공감해 줄 수 있는 사람들입니다.

아브락사스에게로

『데미안』의 주인공 싱클레어는 자아를 성장시켜 나가지만, 결국 전쟁이라는 벽 앞에 본인이 할 수 있는 게 없다는 것을 깨닫게 됩니다. 본인의 선택은 아니지만, 그 앞에 놓인 전쟁터에 서 있는 싱클레어에게 데미안은 다음과 같이 편지합니다.

> 새는 알에서 나오려고 투쟁한다.
> 알은 세계다.
> 태어나려는 자는 한 세계를 깨뜨려야 한다.
> 새는 신에게 날아간다.
> 신의 이름은 아브락사스다.[10]

알을 깨고 나간 새가 만나게 되는 신은 위대한 신이 아니라, 다신론적 세계관에서 최하급의 신, 아브락사스(Abraxas)입니다. 아브락사스는 365개의 층 중에 가장 낮은 층에서 인간 세계를 다스리는 신인데, 선과 악이 공존하며 가장 인간을 닮은 신입니다. 헤르만 헤세의 결론은 이집트의 태양신 라(Ra)나 그리스 신화의 제우스(Zeus)가 아닌, 아브락사스입니다. 알을 깨는 것, 배트맨이 공포를 이겨 내는 것의 결과물은 그리 대단한 것이 아닐 수 있습니다. 하지만 저는 더 이상 '슈퍼맨 그리스도인'을 꿈꾸지 않습니다. 대신 자신의 트라

---

10 헤르만 헤세, 『데미안』 (서울: 더스토리, 2016), 123.

우리에게 있는 대제사장은 우리의 연약함을 동정하지 못하실 이가 아니요 모든 일에 우리와 똑같이 시험을 받으신 이로되 죄는 없으시니라 _ 히브리서 4:15

우마를 극복하고 같은 고통을 가진 사람들을 돌볼 수 있는 '배트맨 그리스도인'을 꿈꿉니다. 상처 입은 치유자 배트맨 그리스도인의 삶을 살아갑시다.

인간의 양면성과 거룩한 부담감

배트맨을 인사 청문회에 앉힌다면?

저는 배트맨 영화를 보면서, 내가 누구이고 어떻게 살아야 하는가를 고민합니다. 배트맨이 선한 사람인지, 그가 도덕적 모범이 될 수 있는지는 크게 중요하지 않습니다. 영화 한 편 한 편의 모습들, 배트맨을 통해 주어지는 메시지를 읽을 뿐입니다. 가상 인물의 전체 삶을 보고 평가하는 것은 쉽지 않고, 크게 물을 필요도 없는 일입니다. 그럼에도 이쯤에서 한 번은 배트맨의 도덕성에 대해서 생각해 보려고 합니다. '배트맨은 과연 선한가? 우리에게 도덕적 모범이 되어 주는가?'

이 우스운 질문에 가장 잘 답변할 수 있는 배트맨의 특성

은 아이러니하게도 그의 양면성에 있습니다. 과연 배트맨은 선할까요? 악당을 벌하고 세상을 구하는 일에 열심을 내기는 하지만, 그를 우리가 닮아야 할 도덕적 인물이라고 생각하기는 쉽지 않습니다. 이 책의 뒤에서도 다루지만, 복수라는 이유가 그의 영웅 활동의 강한 동기였기 때문입니다(8장). 배트맨은 그 어떤 슈퍼히어로 중에서도 그의 뒷모습, 어두운 면이 강조되고 있는 히어로입니다. 브루스 웨인을 인사 청문회에 앉힌다면 그의 어두운 과거와 폭력성 때문에 결코 통과되지 못할 겁니다.

그런데 사실 배트맨이 사랑받는 이유가 여기에 있습니다. 그가 완벽한 인간은 아니라는 사실 때문입니다. 그에게 우리와 같은 양면성이 있음은 앞에서도 강조했습니다. 그러나 앞서서 한 번도 양면성을 메인 주제로 끌고 오지 않았기에, 이번 기회에 배트맨의 양면성을 앞으로 가져와 그의 도덕성을 검증해 보겠습니다.

투페이스와 배트맨

배트맨 영화들은 배트맨의 특성을 잘 드러내기 위해서 악당들을 활용합니다. 〈배트맨 비긴즈〉에서의 '스케어크로우'가 공포심을 드러내기 위해 등장한 악당이었다면, 배트맨의 양면성을 잘 보여 주기 위해 등장한 악당은 바로 '투페이스'(Two-Face)입니다. 원작의 설정에 따르면, 투페이스는 고담시에서 활동하는 검사인 '하비 덴트'가 범죄자들과 싸우다 얼굴 반쪽에 화상을 입고 양면성을 가지게 된 인물입니다. 검사 시절의 정의로운 인격과 악당이 되고 나서의 폭력적이고 극악무도한 인격 두 가지의 모습을 다 가졌습니다. 그에게는 얼굴 반쪽이 화상을 입은 것과 더불어 그를 상징하는 도구가 또 하나 있는데, 바로 그가 들고 다니는 '동전'입니다. 투페이스는 두 면이 똑같은 모양이면서 한쪽 면이 불에 타 그을린 동전을 들고 다닙니다. 선택의 갈림길에서 이 동전을 던져 자신의 인격을 선택하고 앞으로 해야 할 일을 결정하는데, 둘 중 손상된 면이 나오면 악당으로서 행동했습니다. 그는 본래 가지고 있던 정의로운 검사로서의 이미지와는 다르게 '운'(運)만이 공평한 정의라고 생각하는 인물로서, 매우 이야깃거리가 많고 복잡한 캐릭터입니다.

배트맨 찐팬 되기

영화 속 또 다른 하비 덴트

하비 덴트가 영화 속에 등장하는 것은 〈배트맨 포에버〉가 처음이 아니다.

팀 버튼 감독의 〈배트맨〉(1989)에서도 악당 투페이스는 아니지만, 하비 덴트라는 이름의 검사가 등장한다. 비중이 적은 캐릭터로서 속편에서 투페이스의 활동을 염두에 두지 않았을까 싶다.

그러나 아쉽게도 이후의 속편에서는 등장하지 않는다. 하비 덴트 역을 맡았던 배우 빌리 디 윌리엄스(Billy Dee Williams)는 투페이스를 연기하지 못한 아쉬움을 이후 레고 애니메이션 영화인 〈레고 배트맨 무비〉에서 투페이스의 목소리 연기로 달래게 되었다. 물론 여기서의 비중도 굉장히 적다.

영화 속에서 투페이스의 이미지를 가장 인상적으로 그려낸 작품은 단연 조엘 슈마허(Joel Schumacher) 감독의 〈배트맨 포에버〉입니다. 모던에이지 배트맨 시리즈[11]의 세 번째 작품인 이 영화는 팀 버튼 감독의 배트맨 1, 2편 이후 영화사에서 가족적인 오락 영화를 만들고자 하는 요청에 따라 제작되었습니다. 이러한 배경으로 인해 짐 캐리(Jim Carrey)가 연기한 유쾌하고 열정적인 수수께끼맨 리들러와 함께 악당으로 활동하는 토미 리 존스(Tommy Lee Jones)의 투페이스는 그 모습만으로도 원색의 강렬한 인상을 가지고 있습니다. 원작의 설정에서처럼 검사 시절 하비 덴트는 재판 중에 마피아 보스(살 마로니)에 의해 얼굴에 산을 맞아 화상을 입게 되는데, 이때부터 사람이 극악무도하게 변하고 화상 사건에서 자신을 구하지 못한 배트맨에게 원한을 갖게 됩니다. 〈배트맨 포에버〉의 투페이스는 두 가지 중에서 운을 실험하는 양면성을 가진 인간이 아니라, 자기가 원하는 결과가 나올 때까지 동전을 던지는, 한쪽 면만이 과장된 모습으로 표현됩니다. 인격 간의 충돌이 투페이스의 중요한 설정이었음에도, 여기서는 그러한 면이 잘 보이지 않았습니다.

〈배트맨 포에버〉와 후속작 〈배트맨과 로빈〉이 좋은 평가를 받지 못하는 이유는 악당의 중요한 캐릭터를 깊이 있게 표현하지 못

11 〈배트맨〉(1989), 〈배트맨 리턴즈〉(1992), 〈배트맨 포에버〉(1995), 〈배트맨과 로빈〉(1997)이 네 작품이 모던 에이지 시리즈이다.

하고, 눈에 보이는 이미지만을 강조한 데 있습니다. 이는 무겁고 복잡한 배트맨과 그의 라이벌의 이야기를 전형적인 가족 영화로 만들어 냈기에 어쩔 수 없는 연출이었을 것입니다. 그럼에도 〈배트맨 포에버〉가 가족 영화로써 어느 정도 흥행에 성공하여 안타깝게도(?) 속편 〈배트맨과 로빈〉이 탄생할 수 있었는데, 결국 역사상 최악의 평가를 받는 배트맨 영화가 되었습니다. 〈배트맨 포에버〉의 하비 덴트가 양면성을 잘 드러내지 못한 아쉬움이 남지만, 그 자체의 모습으로 투페이스 악당을 대중적으로 알리는 효과는 있었습니다.

영화 속에서 투페이스를 잘 그려 낸 작품은 아무래도 크리스토퍼 놀란(Christopher Nolan)의 다크 나이트 트릴로지(3부작)가 아닌가 싶습니다. 〈다크 나이트〉에서 투페이스는 원작의 설정과 같이 하비 덴트 검사로 등장하는데, 조커와 함께 극 중에서 큰 비중을 차지합니다. 속편 〈다크 나이트 라이즈〉에서는 회상 장면으로만 등장하지만, '하비 덴트 특별법'이 생기는 등 속편의 이야기 전개에 있어서 계속해서 중요한 인물입니다. 투 페이스를 연기한 배우 애런 엑하트(Aaron Eckhart)는 그 당시 유명한 배우는 아니었습니다. 하지만 이 영화 이후 해즈 폴른 시리즈(《백악관 최후의 날》, 〈런던 해즈 폴른〉)에서 미국 대통령을 연기하는 등 화이트칼라 역할을 잘 소화하는 배우가 되었습니다. 배우 애런 엑하트의 하비 덴트 역할에서는 미치광이 악당 투페이스가 되는 과정부터 '운'을 통해 정의를 추구하는 모습까지 두루 잘 나타납니다.

하비 덴트 검사는 본래 선한 인물이었습니다. 고담에 새롭게 선출된 지방 검사로, 배트맨과 같은 가면 없이 고담을 지키는 "백색의 기사"(White Knight)였습니다. 그러나 조커에 의해서 전 여자 친구 레이첼 도스와 함께 위기에 처하게 되는데, 이때 배트맨은 둘 중 하나만을 선택할 수밖에 없어 하비 덴트만을 구합니다. 그리고 홀로 탈출을 시도하던 하비 덴트는 건물이 폭파되면서 얼굴에 끔찍한 화상 자국을 얻게 되는데, 이후 조커의 설득에 넘어가 레이첼의 죽음에 복수를 시작하게 되고, 이러한 과정 중에 배트맨과 대화를 하게 됩니다. 자신이 끔찍한 악당이 된 것은 조커가 자신을 선택했기 때문이라고 합니다. 그 말에 배트맨은 다음과 같이 대답합니다.

> **배트맨:** 가장 깨끗하니까! 당신 같은 사람도 타락할 수 있다는 걸 보여 주려 한 거야.
> **하비 덴트:** 성공했군.

하비 덴트는 조커의 계획이 성공했다고 짧게 대답한 후에 레이첼의 죽음에 책임이 있는 자들을 자신의 동전으로 심판하기 시작합니다. 정의로웠던 검사에게 이제는 오직 운만이 정의의 판단 기준으로 남게 된 것입니다. 이렇게 영화는, 백색의 기사가 어둠의 범죄자가 되는 것은 한순간이며 쉽게 일어날 수 있는 일임을 보여 줍니다. 이후 하비 덴트는 우여곡절 끝에 죽음을 맞이하지만, 그는 사람들 속에서 영웅으로 남게 됩니다. 위대한 검사의 죽음 앞에 고담시 전체가 혼란에 빠지는 것을 막기 위해, 배트맨 자신이 그 모든 죄의 짐을 메고서 범죄자가 된 후 떠났기 때문입니다. 고담 시민들에게 하비 덴트는 범죄와 싸우다 죽은 영웅이 되고, 배트맨은 하비의 살해범이 되었습니다. 결국 배트맨은 도망가고, 경찰은 배트맨을 뒤쫓으면서 영화〈다크 나이트〉가 끝납니다.

배트맨은 도덕적으로 선한가? 음… 결코 그렇지 않습니다. 범죄와 싸우기도 하지만 그것이 누명이라고 하더라도 본인의 선택으로 결국 범죄자가 되었습니다. 가만히 보면 배트맨과 투페이스는 닮았습니다. 실제로 배트맨은 경찰 고든의 아들을 구하기 위해 덴트를 건물 밖으로 밀쳐서 죽였습니다. 또 한 가지 안타까운 설정은 하비 덴트의 전 여자 친구인 레이첼 도스가 현재 브루스 웨인을 사랑하고 있었다는 것입니다. 배트맨은 여자 친구의 죽음 앞에서도 함께 슬퍼하지 못하고, 조용히 무거운 짐을 짊어졌는데요. 결국, 배트맨이 선택한 길은 은퇴였습니다. 물론 세상을 혼란에 빠지지 않게 하기 위해 본인이 희생한 것으로 볼 수도 있겠지만, 여전히 혼란스러운 세상을 뒤로 한 채 배트맨은 스스로 한계에 부딪혀 지쳐 쓰러지고 만 것입니다. 경찰에 자수하지 않고 도망쳤거든요. 그러므로 배트맨은 결코 선한 영웅이 아닙니다.

교회 다니는 애들은 착해

지금까지 두 얼굴을 가진 투페이스와 어둠의 기사 배트맨이 서로 닮아 있음을 살펴보았습니다. 여기까지 읽은 사람이라면 배트맨의 삶을 선한 삶이라고 여기며 그의 길을 뒤좇아 살겠다고 하기 어려울 것입니다. 그러나 가만히 생각해 보면, 세상에서 선한 영향력을 가진 기독교인으로서 살기를 꿈꾸는 우리 또한 배트맨을 닮아 있습니다. '기독교인은 과연 선한가? 우리는 과연 선한가? 한 사람의 도덕성에 대해 보장할 수 있는가?' 아마도 그 사람을 인사 청문회 자리에 세워 보지 않는 한 그 누구도 자신할 수 없을 것입니다.

우리는 누구나 두 얼굴, 아니 그 이상의 모습을 가지고 살아갑니다. 우리가 배트맨의 삶을 통해 공감할 수 있는 것은 그가 도덕성을 갖춘 선한 영웅으로 우리 삶의 모델이 되어 주는 것이 아니라, 우리도 양면성을 가진 인간이며 모든 사람이 복잡한 양면성을 가지고 있다는 사실입니다. 그래서 교회에서의 삶과 세상에서의 삶, 가정에서의 삶과 밖에서의 삶이 다를 수 있습니다. 믿는 사람과 안 믿는 사람은 달라야 할까요? 믿는 사람이라면 다르긴 해야죠. 그런데 교회 권사님들 사이에서 유행하는 말이 있습니다. "믿는 사람이 더해!" (더 융통성이 없고, 억척스럽다는 뜻이겠죠?) 이런 이야기를 들을 때마다 사실 굉장히 부끄럽습니다.

어린 시절 목사의 아들로 살아간다는 것은 저에게 특별한 경험이었습니다. 고등학생 시절, 학교 안에는 저 말고도 목회자 자녀들이 제법 있었는데, 안타깝게도 종종 친구들의 입방아에 오르내리기도 했습니다. 친구들이 "목사님 아들들은 둘 중 하나야." 즉, (당시 청소년들의 거친 표현을 조금 순화해서 말하자면) 착한 녀석이거나 나쁜 녀석, 둘 중 하나라는 것이었습니다. 도대체 나쁜 녀석이란 어떤 녀석일까요? 한 영화 속 캐릭터가 생각납니다. 지금 젊은 청년들은 기억하지 못하겠지만, 영화 〈할렐루야〉에서 차태현이 연기했던 불량 청소년 장로님 아들, 그 이미지가 딱 적당합니다. 차태현의 데뷔작인 이 영화에서 차태현은 가짜 목사 역을 맡은 박중훈에게 '주님의 이름으로'(?) 구타를 당하며 혼이 난 후 모범생이 됩니다. 교회를 열심히 다니는 친구, 특히 목회자 자녀들은 대개 불량 학생이거나 모범생이었는데요. 요즈음 학교에서는 목사님 아들이라고 하면 어떤 도덕적 평가를 받는지 잘 모르겠습니다만, 아직까지 제 기억 속에 남아 있는 것으로 보아 그러한 배경이 제게 나름대로 큰 부담이었던 것 같습니다. (전국의 목회자 자녀들에게 하나님의 위로가 있기를 바랍니다.)

예전에는 꼭 목회자 자녀가 아니더라도 "교회 다니는 애들은 착해."라는 말은 사실 교회 안팎에서 종종 들을 수 있는 말이었습니다. 착해야 교회 다니는 것인지, 교회를 다니면 착한 것인지는 잘 모르겠지만, 이상하게 착하다는 말이 참 불편하면서도 폭력적으로 느껴질 때도 있었습니다. 선(善)이라는 것은 우리에게 너무나 큰 부

담이 될 수 있기 때문입니다. 윤리적인 잣대로 기독교인이 평가를 받는 것은 참 부담스럽고 어려운 일입니다. 목사님 아들은 착해야 할까요? 교회 다니면 꼭 착해야 하나요? '그리스도인은 착하게 살아야 한다.' 이것 때문에 고통받는 저와 같은 청소년, 혹은 청년이 있다면 '아니요!'라고 말해 주고 싶습니다. 그것을 너무 의식해서 자신을 포장하는 삶을 살지 않았으면 좋겠습니다. 사실 교회를 안 다녀도, 누구나 도덕적 선을 추구하며 살아야 합니다. 착하게 살라는 것은 도덕 시간에 이미 다 배웠습니다. 왜 우리한테만 이러는지 모르겠습니다.

우리의 기준은 어디에?

우리는 어디서나 그리스도인이라는 사실을 인식하고, 선한 영향력을 끼치기 위해 살아갑니다. 이것은 타인의 시선에 의한 암묵적 강요 때문이 아니라, 본인과 하나님 사이에서 풀어야 할 문제입니다. 이런 시선에 대한 부담감을 느끼는 청소년들에게 종종 해주었던 조언이 있습니다. 잘하고 못하고를 남이 판단하는 것에 두지 말고, 어제보다 오늘 더 하나님을 잘 믿고 살아가는지 스스로를 돌아보라는 것입니다. 판단은 하나님께서 하시니까요. 남의 눈을 의식하지 말고, 떳떳하게 삽시다. 그리고 잘못한 것이 있다면 실수를 인정하고 회개하며 돌이킬 수 있는 삶이 더 멋진 삶이라고 생각합니다.

선지자 예레미야는 사람들의 평가가 아닌 하나님의 판단을 기대했습니다. "그러나 만군의 주님, 주님은 의로운 재판관이시요, 사람의 생각과 마음을 감찰하시는 분이십니다."(렘 11:20, 새번역) 또, 제가 생각하는 욥기의 메시지는 '판단은 오직 하나님만이 하신다.' 입니다. 친구들의 비판에도 욥은 하나님만 바라보며 이겨 냈습니다. 하나님께서 우리를 아시고, 하나님만이 우리를 위로하십니다. 시편의 수많은 노래도 하나님 앞에 선 우리의 모습을 노래합니다. "여호와여 주께서 나를 살펴보셨으므로 나를 아시나이다"(시 139:1) 이러한 선지자들의 영성이 우리에게도 필요합니다.

다윗은 죄를 많이 지은 왕이었지만 이스라엘 사람들에게 가장 사랑받았던 왕이기도 합니다. 그는 40년간 이스라엘을 통치하며 이스라엘의 황금기를 이끌었습니다. 유대교의 아버지이자 예수 그리스도의 조상이며, 구속사적 관점에서 그는 위대한 왕으로 평가받습니다. 그러나 수많은 죄를 지은 왕이기도 합니다. 왕이 되기 이전 사울 왕의 미움을 사서 모진 핍박을 받고 도망자의 삶을 살기도 했으나, 다윗 자신도 자신의 손으로 피를 많이 흘렸습니다. 자신의 욕심으로 하나님께서 허락하지 않으신 '인구 조사'를 하였고, 무엇보다 남의 아내를 빼앗기 위해, 살인죄, 간음죄, 거짓말 등을 일삼았습니다. 다윗의 죄는 다윗이니까 다 용서되는 것일까요? 아닙니다. 성경은 이러한 다윗의 죄를 숨기지 않았습니다. 다윗의 죄에 대한 회개뿐만 아니라 그가 받은 징벌 모두를 상세히 기록해 놓았습니다.

그 이유가 무엇일까요? 우리는 죄인 다윗을 보고 무엇을 배울 수 있을까요?

유진 피터슨(Eugene Peterson)은 현실 속 '그리스도인의 삶'에 관심을 가진 위대한 영성가이자 스승입니다. 사람 냄새 나는 그의 대표작, 『다윗: 현실에 뿌리박은 영성』은 다윗을 구속사적 관점의 영웅이 아닌 우리와 다르지 않은 한 인간의 모습으로 조명합니다. 이 책에서 유진 피터슨은 다윗의 죄가 극악무도하고, 결코 작게 여겨서는 안 되며, 남이 아닌 다윗 자신과 하나님 사이에서 바라봐야 할 문제라고 말합니다. 죄의 문제는 다른 사람이 판단할 문제가 아니라 하나님의 공의와 은혜의 심판 영역 안에 있다는 것이죠. "죄는 전혀 매력적이지 못하다. 죄를 매력적으로 보이게 하는 것은 사탄이 하는 일이다."[12] 다윗의 죄가 성경에 기록된 것은 그를 욕하기 위해서가 아니라, 그의 솔직한 삶을 통해 우리가 배워야 할 것이 많이 있기 때문입니다.

남의 죄에 대해 떠들기는 쉽습니다. 그러나 절대로 좋은 일은 아닙니다. 판단은 하나님께서 하시고, 은혜도 하나님께서 선물로 주십니다. 우리의 기준은 사람들의 말이나 세상 문화 속에서 찾을 것이 아니라, 하나님의 말씀 속에서 찾아야 합니다. 사도 바울은 이렇게 고백합니다.

12 유진 피터슨, 『다윗: 현실에 뿌리박은 영성』 (서울: IVP, 2009), 296-297.

내가 여러분에게서 심판을 받든지, 세상 법정에서 심판을 받든지, 나에게는 조금도 문제가 되지 않습니다. 그뿐만 아니라, 나도 나 자신을 심판하지 않습니다. 나는 양심에 거리끼는 것이 없습니다. 그러나 이런 일로 내가 의롭게 된 것은 아닙니다. 나를 심판하시는 분은 주님이십니다. _고전 4:3 - 4, 새번역

거룩한 부담감

세상의 기준보다 더욱 악랄한 범죄를 저지른 목회자들의 뉴스는 우리의 눈살을 찌푸리게 만듭니다. 아무리 남들이 뭐라고 해도 흔들리지 않아야 된다고 하지만, 세상의 기준보다 더 못하게 살아가고 있는 것은 정말 한심하고 부끄러운 일입니다. 적어도 비윤리적인 삶이 드러났다면, 더 이상 목회자의 삶은 포기해야 하지 않을까요? 목회자들의 사건 사고는 그야말로 부끄러운 우리의 민낯입니다. 다윗은 이 무게를 어떻게 견뎌 냈을까요? 다윗의 무게는 결코 거룩한 부담감이라고 말할 수 없습니다. 거룩한 부담감은 이렇게 낮은 수준의 것이 아닙니다. 거룩한 부담감은 내가 그리스도인이라는 사실을 기억하고, '선한 영향력'을 끼쳐야 한다는 '양심의 무게'를 말합니다. 세상의 기대가 있든 없든, 우리는 선한 영향력을 끼치기 위해 노력해야 합니다. 공직 후보자만 착하게 살아야 하는 것이 아니라, 우리 모두 그렇게 살아야 합니다. 그럼에도 장관 후보자들에게 윤리적 잣대가 더 높은 이유는, 나랏일을 맡아서 해야 하는 그들에게 그

일을 잘 맡아 해주길 기대하기 때문입니다. '안티팬도 팬이다.'라는 말이 있죠. 관심이 없으면 욕을 하지도 않는다는 뜻입니다. 그리스도인을 비판하는 이들이 많아진다는 것은 세상이 아직도 우리에게 기대하는 바가 있기 때문이라고 생각합니다. 따라서 그리스도인이라면 세상의 기준에 민감하게 반응해야 합니다. 하나님의 기준으로 당당하게 살아가면서, 동시에 세상 기준을 분별할 수 있는 지혜와 능력이 필요합니다. 제가 청소년 시절에 겪은 '목사 아들'이라는 부담이 요즘 목회자 자녀들에게 없어졌다면, 이것은 오히려 안타까운 일일 수도 있습니다. 교회와 그리스도인에 관한 관심이 적어졌다는 뜻이 될 테니까요.

우리는 거룩한 부담감을 안고 살아갑니다. 이것은 어쩌면 우리가 감사해야 할 일일지도 모릅니다. 아직까지 그리스도인에게 기대하는 바가 있기에 남아 있는 관심입니다. 이것이 영화 〈다크 나이트〉에서 영웅을 필요로 하는 배트맨의 무게와 비슷하지 않을까요?

배트맨은 선한 사람인가요? 아니요. 그렇지 않은 모습을 왕왕 볼 수 있습니다. 그리스도인은 언제나 선을 행할 수 있을까요? 그것은 어려운 일입니다. 우리는 세상의 불편한 시선을 너무 의식하지 말고, 하나님 앞에서 평가받도록 합시다. 실수를 돌이켜 어제보다 더 나은 삶을 살도록 노력합시다. 그러나 중요한 사실은 배트맨도, 다윗왕도, 우리 그리스도인들도 모두 선을 위해 애쓰는 자들이라는 사실입니다. 실수할지라도, 넘어질지라도 하나님의 도움을 구하고 힘을 내어서 다시 일어납시다.

우리는 결국 떠나야 할 사람

은퇴형 히어로

배트맨 영화 전체에서 가장 인상적인 장면이 무엇이냐고 묻는다면, 저는 〈다크 나이트 라이즈〉에서 나오는 장면을 말할 것입니다. 영화 후반부에 핵폭발물을 바다로 가져가는 임무를 위해 떠나게 되는 배트맨과 제임스 고든의 대화 장면입니다. 고담시의 경찰청장 제임스 고든은 세상을 구한 위대한 영웅이 누구인지 세상이 알아야 한다고 하며 배트맨에게 정체를 물어보는데, 이에 배트맨은 누구나 영웅이 될 수 있다고 하며 다음과 같이 말합니다.

배트맨: 어린아이의 어깨에 코트를 걸쳐 주며 세상이 끝나지 않았다고 얘기해 주는 사람도 영웅이요.

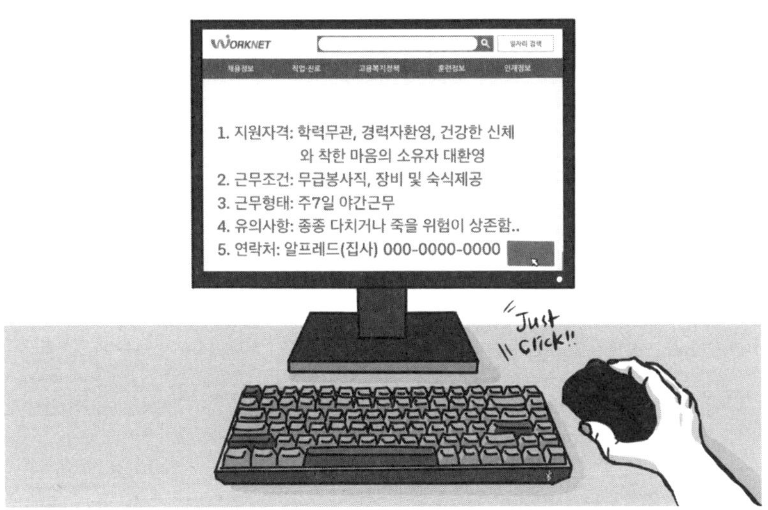

영화는 계속해서 다크 나이트 시리즈의 첫 번째 작품 〈배트맨 비긴즈〉에서 고든이 어린 브루스 웨인에게 코트를 걸쳐 주었던 장면을 보여 줍니다. 어린 브루스 웨인에게는 고든이 진정한 영웅이었던 것입니다. (고든은 배트맨이 브루스 웨인이라는 사실을 깨닫게 됩니다.) 이 장면은 '우리는 누구나 영웅이 될 수 있고, 또 새로운 영웅의 탄생은 작은 일로부터 시작된다.'라는 사실을 가르쳐 줍니다. 이것이 다크 나이트 시리즈가 주는 묵직한 메시지입니다. 그리고 모두가 영웅이 될 수 있다는 이 대사 속에는 배트맨 자신이 곧 떠나야 할 것을 암시하고 있습니다. 배트맨은 세상의 관심과 인기에 집착하지 않고, 겸손하게 자신이 떠나야 한다고 생각합니다. 결국 그는 위대한 임무를 수행한 후에… 은퇴하고 맙니다.

앞선 영화 〈다크 나이트〉에서도 마찬가지입니다. 고담시의 영웅 검사 하비 덴트를 죽인 범인으로 낙인찍힌 배트맨은 자신의 행적을 감춥니다. 스스로 짐을 짊어지고 떠납니다. 이처럼 2편과 3편 모두에서 새로운 시작이 아닌 배트맨의 은퇴를 다루고 있는데요. 차이가 있다면, 배트맨 2편 〈다크 나이트〉에서는 사람들의 기억 속에 악당으로 남으며 떠나는 배트맨을 그리고, 3편 〈다크 나이트 라이즈〉에서는 누구나 영웅이 될 수 있다며 고담시의 영웅으로 남으며 떠나는 배트맨을 그린다는 점입니다.

배트맨의 은퇴를 다루고 있는 〈다크 나이트〉와 〈다크 나이트 라이즈〉 속 배트맨은, 결코 영웅적 행위를 즐기지 않았으며 '해야 하기 때문에' 하는 그런 배트맨이었습니다. 영화를 보는 사람마다 다르게 느낄 수 있겠지만, 저는 다크 나이트 트릴로지 속 배트맨이 정의로운 일을 '억지'로 하고 있다는 느낌을 받았습니다. 본인이 악당이 될지라도 그것이 더 도움이 된다면 흔쾌히 악당이 될 수도 있었고, 한 경찰관(존 블레이크)으로부터 복귀해 달라는 청원에 마지못해 복귀를 결심하기도 했습니다. 그리고 기회만 되면 도망가려고 했습니다.

다크 나이트 트릴로지 속 배트맨은 왜 이렇게 그만두고 싶어 했을까요? 육체적 혹은 정신적 피로에서 오는 탈진(burnout)이었을까요? 그렇게 보기는 어렵습니다. 악당 베인과 싸우다 허리를 다친 배트맨이 회복을 하는 모습을 보면 그의 몸과 정신이 얼마나 건강한지 알 수 있습니다. 그는 왜 그렇게 그만두고 싶어 했을까요? 영화 속에서 자세히 묘사하고 있지는 않지만, 괴물과 싸우는 자신의 모습 또한 괴물과 같다고 생각했던 것은 아닐까요? 시리즈의 첫 번째 영화 〈배트맨 비긴즈〉의 마지막 장면에서도 경찰 고든 경위의 감사 인사 앞에 겸손을 보입니다.

> **고든:** 고맙다는 말을 못했군. (I've never said thank you.)
> **배트맨:** 그럴 필요 없소. (And you'll never have to.)

영화의 이 마지막 대사는 단순히 배트맨의 겸손을 보여 주는 것을 넘어 앞으로도 그런 말할 필요 없다는 뜻으로서, 주목을 받는 다른 영웅들과는 다른 면모를 보여 주고 있습니다. 이처럼 배트맨은 어쩌면 자신의 힘을 자신조차 무서워하고, 그 힘의 무게를 감당해 내지 못해 힘들어하고 있었는지도 모릅니다. 자경단으로 활동하는 자신이 영구적으로 이 세상에 필요한 존재가 아니라는 점을 늘 염두에 두고 살아가지 않았을까요?

언젠가 가겠지

저는 그리스도인들이 배트맨처럼 살아야 한다고 주장하고 있지만, 배트맨처럼 '억지로' 그렇게 살아야 함을 말하는 것은 아닙니다. 배트맨도 은퇴를 선택하는 순간이 왔듯이 우리도 은퇴를 염두에 두고 살아가야 한다는 것입니다. 이 말은 그리스도인으로서의 삶을 버리고, 자연인으로 돌아가자는 말이 결코 아닙니다. 우리의 은퇴는 무엇을 의미할까요?

할머니께서 자주 하시는 말이 있습니다. "가야지. 가야지." 어린 시절 자식들에게 폐를 끼치지 않고, 곱게 돌아가고 싶다는 이야기를 처음 들었을 때 정말 큰 충격을 받았습니다. 그 깊은 의미를 깨닫지 못하고, 정말 어디 아프신 건 아닌지 걱정했던 기억이 납니다. 할머니는 정말 멋진 삶을 살아 내셨고, 가족들을 끔찍이 사랑하셨습니다. 여전히 계속해서 건강하게 저의 곁을 지켜 주셨으면 하는 바람이 있습니다.

하지만 할머니는, 그리고 우리는 언젠가 떠납니다. "메멘토 모리(Memento mori)." 자신의 죽음을 기억하라는 이 말을 가슴 깊이 품고 살아가는 사람은 많지 않을 것입니다. 더욱이 이 책을 젊은 청년들이 읽고 있다면 이 말이 쉽게 와닿지 않을 수도 있습니다. 그러나 우리는 늘 끝이 있음을 염두에 두고 살아야 합니다. 끝은 삶을 더 아름답게 만들어 줍니다. 삶이 없으면 죽음도 없고, 죽음이 없으면 삶도 없습니다. 故 박완서 작가는 때론 죽음도 희망이 된다고 말했습니다. "추(醜)가 없으면 미(美)도 없듯이, 슬픔이 있기에 기쁨이 있듯이, 죽음이 없다면 우리가 어찌 살았다 할 것인가."[13] 인간의 불완전성은 인간의 삶을 아름답게 만듭니다. 오늘 내가 땀을 흘리고 누군가를 사랑하며 살아가는 찬란한 모습은, 끝이 있기에 더 가치 있는 것이 아닐까요? 우리는 매 순간 삶을 살고, 더불어 매 순간 죽음을 살고 있습니다. 우리에게 남은 날이 얼마 남아 있지 않다는 사실을 안다면, 허투루 쓰지 않고 남은 하루하루에 최선을 다해 살아가야 하지 않을까요? 무료하게 시간을 보낼 틈이 없습니다.

본인의 위암 4기 투병기를 그린 『사기병』이라는 책이 있습니다. 그림책으로 풀어 내어 쉽게 읽히면서도 감동은 더욱 큽니다. 인생은 마음대로 안 되었지만, 투병은 내 맘대로 한다는 작가의 씩씩한 투병기에 제 마음을 울렸던 구절이 있습니다. 솔직히 말하면 한 컷 한 컷, 한 구절 한 구절 전부가 그러했지만, 그래도 아이 아빠로서 공감되는 구절 하나만 소개해 보겠습니다.

> 초보 육아 시절에는 아들이 빨리 컸으면 했는데, 이제 볼 수 없는 시간이 많아지니 천천히 컸으면 좋겠다.[14]

---

13 박완서, 『모래알만 한 진실이라도』 (서울: 세계사, 2021), 264.
14 윤지회, 『사기병』 (파주: 웅진지식하우스, 2019), 42-43.

힘든 투병 가운데서도 죽을 날만 기다리면서 절망 가운데 시간을 보낼 수 없기에, 그녀는 모든 삶에 최선을 다했습니다. 그녀의 못다 이룬 꿈은 아들이 스무 살 될 때까지 사는 것이었습니다. 책으로 이것을 남겨 주셔서 정말 감사합니다.

하나님의 나그네 된 백성

사도 베드로는 자신의 제자들을 나그네와 거류민으로 부릅니다. 이는 일차적으로 소아시아의 흩어진 그리스도인들을 부르는 말이었겠지만, 오늘날 이 세상을 살아가는 우리의 영적 정체성이기도 합니다.

> 사랑하는 여러분, 나는 나그네와 거류민 같은 여러분에게 권합니다. 영혼을 거슬러 싸우는 육체적 정욕을 멀리하십시오. 여러분은 이방 사람 가운데서 행실을 바르게 하십시오. 그렇게 해야 그들은 여러분더러 악을 행하는 자라고 욕하다가도, 여러분의 바른 행위를 보고 하나님께서 찾아오시는 날에 하나님께 영광을 돌릴 것입니다.
>
> _벧전 2:11 - 12, 새번역

거류민이란 외국인 거주 지역에 살아가는 사람들을 말합니다. 이 땅에서 살아가지만, 이 땅은 내 고향 집이 아닙니다. 그렇다고 여기가 내 집이 아니니 대충 살다 가자는 말을 하려는 것이 아닙니다. 베드로는 행실을 바르게 하여 하나님께 영광을 돌리라고 했습니다. 스탠리 하우어워스(Stanley Hauerwas)도 그리스도인들의 '하나님의 나그네 된 백성'이라는 정체성에 주목하고, 사회에서 탁월한 모범이 될 것을 권하고 있습니다. 그에 의하면 우리 그리스도인들은 "불신앙의 사회 속에서 존재하는 나그네 된 거류민"입니다.[15] 즉, 이 땅에서 하나님의 교회로 살아가며 교회를 통해 이 땅을 아름답게 바꾸는 것이 오늘을 살아가는 우리에게 가장 가치 있는 일이라는 것입니다.

나그네의 긴장

영화에 긴장감이 있는 것은 좋습니다. 너무 심한 불안과 긴장은 우리의 일상을 방해하지만, 적절한 불안과 긴장은 흥미를 불러일으킵니다. 사람들이 스릴러 영화를 보는 것은 바로 이 긴장감 때문인 듯합니다. 배트맨과 관련된 영화 〈조커〉(2019). 이 영화는 아서 플렉이라는 사람이 광기의 조커가 되어 가는 과정을 그렸습니다. 당시 아내와 아이를 집에 두고 혼자 극장에 가서 이 영화를 보고 왔는데, (부부가 함께 영화를 보지 못한 지가 벌써 7년이 되었습니다.) 혼자 가서 볼만한 영화는 아니었습니다. 영화가 어땠냐는 아내의 질문에 했던 대답이 "두 시간 내내 오들오들 떨다가 왔어."였습니다. 조커를 연기한 배우 호아킨 피닉스(Joaquin Phoenix)의 신들린 연기도 그러했지만, 영화

15 스탠리 하우어워스, 『하나님의 나그네 된 백성』 (서울: 복있는사람, 2018), 77.

내내 이어지는 영화 음악이 긴장감을 고조시켰기 때문입니다. 공포 영화에서나 나올 법한 현악기(Strings) 소리의 음악만으로 조커의 내면이 무너져 내려가고 있다는 것을 느끼게 해주었습니다. 이 영화의 음악 감독 힐뒤르 그뷔드나도티르(Hildur Ingveldar Guðnadóttir)가 첼리스트(cellist)이기도 하다는 점은 주목할 만합니다. 그녀는 악이 태어날 수밖에 없는 고담시의 이미지를 현악기의 무게로써 극대화시켰습니다. 이 영화가 아카데미와 골든글러브를 포함하여 음악상만 4개를 받았으니, 이것은 비단 저만의 느낌은 아니었을 것입니다. (후속작이여 어서 나오십시오!)

이렇게 영화 속 긴장감은 사람들이 일부러 찾아서 느끼기도 합니다. 그러나 우리의 삶 내내 이러한 긴장감을 느낀다면 어떨까요? 정말 힘들겠죠? 이 세상에서 거류민과 나그네로 살아가는 삶이 거의 그렇습니다. 무엇보다 불편한 삶입니다. 저도 어릴 적 외국에서 살아 본 적이 있습니다. 너무 어린 시절이라 이민자들이 겪는 고통을 느껴 보지는 못했지만, 이민자들의 불안과 긴장은 영화 속에서도 단골 주제가 되기도 할 만큼 고통스러운 일이라는 것을 간접적으로는 알고 있습니다. 그리스도인의 정체성이 '나그네'라고 하면, 그 안에는 이러한 불편과 긴장이 존재하는 것입니다. 인간의 나라

영화 속 조커

배트맨의 최대 라이벌답게
실사 영화 속 조커를 연기한 배우는 총 6명이나 된다.

1대 조커 〈배트맨〉(1966)의 시저 로메로(Cesar Romero)

2대 조커 〈배트맨〉(1989)의 잭 니콜슨(Jack Nicholson)

3대 조커 〈다크 나이트〉의 히스 레저(Heath Ledger)

4대 조커 〈수어사이드 스쿼드〉와 〈저스티스 리그〉의 자레드 레토(Jared Leto)
☞ DC 확장 유니버스 속 조커

5대 조커 〈조커〉의 호아킨 피닉스(Joaquin Phoenix)

6대 조커 〈더 배트맨〉 속편의 배리 키오건(Barry Keoghan)
☞ 아직 조커를 보여 주지는 않고 까매오로 등장했다.
영화 속 공식 이름은 "보이지 않는 아캄 죄수"

와 하나님의 나라, 두 나라의 시민으로 사는 것이 얼마나 불편한 일이겠습니까? 게다가 세상의 가치와 하나님 나라의 가치가 다름에도 우리는 이 땅에서 하나님 나라의 가치를 좇아 살고 있습니다. 정말 고생이 많으십니다.

그러나 우리가 그리스도인이라면, 하나님 나라의 백성이라는 사실을 믿는다면, 베드로전서 말씀에서 디아스포라(Diaspora) 그리스도인들은 때론 불편함을 감수할 수 있어야 한다고 했던 것처럼, 오늘날 우리도 선을 행하다가 받는 고난을 감사히 받을 수 있어야 합니다. 나그네가 갖는 긴장은 바로 이런 것입니다. 선한 행실이 인정받지 못하더라도 묵묵히 나의 길을 걷는 것입니다. 더 나아가 세상을 아름다운 하나님의 나라로 바꿔 나가야 하는 과제도 우리에게 주어져 있습니다.

안타깝게도 오늘날 한국 교회는 이러한 긴장에 관해 잘 가르쳐 주고 있지 못하는 것 같습니다. 이 땅에서 열심히 살라고는 하지만, 우리의 존재 의미를 자신만의 깊은 성찰로 이끌어 내지 못하고 있는 듯합니다. 착하다고 칭찬받는 것만으로는 세상 속에서 잘 살아가고 있는 그리스도인이라고 볼 수 없습니다. 세상의 가치로 평가받고 인정받을 수 있는 것은 어쩌면 이 '착함'에만 머물러 있는 것일지도 모릅니다. 세상은 그리스도인의 삶을 이해하지 못합니다. 그런데도 착하다는 칭찬은 훈장이 되고, 이 세상에서의 성공은 나에게 간증이 되고 있는 현실입니다. 우리가 떠날 때 세상에 미련을 두지 말아야 함에도 불구하고 오늘날 그리스도인들은 누구보다 미련을 만드는 삶을 살아가고 있습니다. 그 결과, 교회와 세상이 분리되어 교회에서의 삶과 세상에서의 삶이 달라지게 되었습니다. 성공을 위해서라면 아무도 모르게 비윤리적인 일을 해도 괜찮고, 세상 사람들이 다 하는 편법은 나도 해도 되는 것이 되었습니다. 그렇게 해서 세상 기준의 성공을 이룰 때 비로소 하나님께 영광을 돌리는 성공한 인생이라고 추앙받는 현실입니다. 하나님 나라, 세상 나라 두 곳 모두에서 이루는 엄청난 성공. 이렇게 위대한 긴장을 없애는 법만 가르쳐 주고 있습니다.

그러나 두 나라를 살아가는 그리스도인은 긴장감 속에 살아야 합니다. 우리는 우리의 선한 행실이 인정받지 못하더라도 하나님 나라 백성으로서의 삶을 살아가야 합니다. "영혼을 거슬러 싸우는 육체적 정욕을 멀리해야"(벧전 2:11) 합니다. 육신의 자랑만을 세상에 남겨서는 안 됩니다. 대신 우리는 세상에서 하나님을 자랑하고, 하나님의 나라를 세워야 합니다. 하나님 나라의 가치로 살아 봅시다. 나그네라면 여행지에서의 삶에 미련을 두지 않는 법입니다. 돌아가야 할 집이 있다는 사실을 알기 때문입니다. 이렇게 교회에서의 삶과 세상에서의 삶을 동시에 살아 내는 사람들이 바로 우리 그리스도인들입니다.

죽음이 있음을 기억하며, 오늘 하루도 최선을 다하는 삶. 이 세상에서의 욕심을 버리며, 세상을 향한 선을 행하는 삶. 은퇴를 늘 염두에 두며, 자신의 이름을 위해서가 아닌 고담시의 평화만을 위해 활동하는 배트맨의 삶. 그리스도인의 삶은 이런 것입니다. 그리스도인의 정체성은 바로 나그네 그 자체입니다.

우리는 돌아갈 곳이 있습니다. 할머니께서 "가야지. 가야지."라고 하시던 곳이 있습니다. 이 모든 것은 죽음이 있고, 그 죽음을 이기시고 부활하신 예수 그리스도의 십자가가 있기에 가능합니다. 저는 영원한 천국, 우리의 고향이 있음을 믿습니다.

내 뒤를 부탁해

그래도 어떻게 미련을 두지 않고 떠날 수 있겠습니까. 어떻게 우리가 떠날 수 있을까요. 다크 나이트 시리즈 속 브루스 웨인은 영웅이 가진 고된 무게가 있었기에 훌훌 털어 버릴 수 있었는데, 우리가 '삶'의 미련을 버리는 것은 조금 다른 이야기일 수 있겠습니다. 〈다크 나이트 라이즈〉의 배트맨은 결국 배트윙에 폭탄을 싣고 떠납니다. 그리고 가까스로 살아남은 그는 배트맨으로서의 책무를 내려놓고 브루스 웨인의 삶만을 살아가게 됩니다. 이는 전편 〈다크 나이트〉 이후 8년간 브루스 웨인으로서의 삶조차도 내버린 채 폐인으로 살아갔던 것과 대비되는 양상을 보여 주는 것입니다. 이처럼 우리 그리스도인들도 우리의 영원한 고향이 있음에도 불구하고 이 세상에 크고 작은 미련을 둘 수밖에 없는 것은 어쩌면 당연한 일입니다.

인간은 유한한 존재이기 때문입니다.

'배트맨은 브루스 웨인이고, 브루스 웨인은 배트맨이다.'라는 말은 반은 맞지만, 반은 틀린 말입니다. 영화에서는 한 번도 다루어지지 않았지만, 코믹스 속에서 1대 로빈으로 활동한 딕 그레이슨은 브루스 웨인의 아들과 함께 배트맨으로 활동하기도 했습니다. 심지어 브루스 웨인의 죽음을 다룬 작품들도 있는데, 영화 〈다크 나이트 라이즈〉에서는 존 블레이크의 본명이 로빈 존 블레이크임을 알리며, 그가 배트맨의 삶을 이어갈 것이라는 암시를 주었습니다. 배트맨은 나그네였고, 그는 브루스 웨인으로 돌아갔습니다. 배트맨 활동은 그가 브루스 웨인으로 돌아가며 마무리됩니다. 그가 돌아갈 수 있는 것은 브루스 웨인이라는 삶이 있기 때문이기도 하겠지만, 자신의 후계자 혹은 그 누군가가 자기가 맡았던 사명을 계속 이어 갈 것이라는 확신이 있어서였습니다. 브루스 웨인이 배트맨이 아니어도 누군가 배트맨의 일을 이어 가고, 배트맨이라는 이름이 아니더라도 고담시의 평화를 지키는 일은 고담 경찰들에 의해서, 혹은 누군가에 의해서 계속 이어질 것입니다.

배트맨처럼 살아가는 그리스도인이 이 세상에 미련을 두지 않을 수 있는 원동력도 여기에서 찾을 수 있습니다. 이 땅에 하나님 나라를 세우는 일은 계속 이어질 것입니다. 예수님께서 다시 돌아오셔서 이 세상을 완성하시기 이전까지 우리의 이 책임은 주의 교회가 있는 한 계속해서 이루어 가야 할 책임입니다.

배트맨의 은퇴보다, 그리스도인의 은퇴가 사실 더 복잡하고 어려운 주제입니다. 그리스도인의 은퇴는 곧 죽음입니다. 그러나 이것은 끝이 아닙니다. 우리에겐 부활이 있기 때문입니다. 우리의 부활 그리고 예수 그리스도의 부활은 차안(此岸)의 세계에서 피안(彼岸)의 세계로 넘어가는 것만을 의미하지 않습니다. 부활은 '저 천국에서 행복하게 살게 되었습니다.'라는 해피엔딩만으로 설명할 수 있는 것이 아니기 때문입니다. 부활의 기쁨은 우리가 이 세상에서 고통받으며 힘들었던 삶을 내려놓고 이제 영원한 저 하나님의 나라로 갈 수 있다는 희망의 기쁨만을 말하지 않습니다. 이러한 부활만을 강조한다면, 세상의 수많은 결핍을 야기하게 될 것이기에 그렇습니다. 불의한 세상은 함께 일으켜야 할 사랑의 대상이 아니라 혐오의 대상으로 바뀌게 됩니다. '이 거지 같은 세상 떠나면 그만이지!'하고 말입니다.

예수님의 부활은 새로운 세상으로 떠나는 것만을 의미하는 것이 아닙니다. 예수님의 부활은 새로운 시작을 알리는 위대한 사건입니다. 예수님께서는 죽으시고 저 천국에서 부활하시지 않았습니다. 그분이 사셨던 바로 그 땅에서 부활하셨습니다. 그러니 부활의 참 소망은 '이 땅에서' 부활의 삶을 살아가게 되는 힘과 용기를 줍니다. 온전한 죽음에도 불구하고 다시 살아난 생명은 결코 그 무엇도 꺾을 수 없는 놀라운 힘을 가집니다. 이 과정을 통해 얻게 된 새로운 시작은 아직 온전한 정의와 평화가 없는 세상에, 그럼에도 불구하고 우리가 열심히 살아가는 동력이 됩니다. 이는 부활의 증인이 된 삶입니다. 그리스도인의 부활은 살아가는 이 땅에서 계속 이루어지는 것입니다. 하나님의 정의와 평화가 실현되고, 죽어 가는 생명을 살리는 삶이 그리스도인의 부활의 삶입니다. 부활이 있기에 삶이 더욱 가치 있게 여겨지는 것입니다. '이 거지 같은 세상 떠나면 그만'이 아닙니다! 저 천국만큼 이 세상도 중요합니다!

아이러니하게도 이 놀라운 부활의 원리를 알게 되면, 현세에서의 삶을 떠나게 되더라도 미련 없이 떠날 수 있게 됩니다. 이 세상에서 최선을 다했다면, 그리고 다음 세대를 믿는다면 그걸로 만족하고 갈 수 있게 됩니다. 예수님께서 승리의 기쁨, 부활의 능력을 가르쳐 주신 후에 미련 없이 떠나신 것처럼 말입니다. 예수님께서는 제자들에게 모든 것을 맡기신 후 승천하셨습니다. 부활의 증인이 된 제자들은 예수님의 가르침을 따라 살아가게 됩니다. 그들 앞에 놓인 것이 모진 핍박과 박해의 길임에도 불구하고 말이죠. 그들은 '이 악한 세상 내가 떠나면 그만이지.'가 아니라, 이 세상에서 정말 열심히 하나님 나라의 백성이지만 현세에 머물러 있는 '거류민의 삶'을 살아 냈습니다. 그리고 그 위대한 전통은 제자들의 제자들에게까지 이어졌고, 교회로 세워져 오늘날까지 이어지고 있습니다. 그리스도인의 부활은 새로운 후배들을 통해 계속 이어지고 있습니다. 우리가 미련 없이 이 세상을 떠나기 위해서는 먼저 '순례자'라는 사실을 기

억하고 저 천국을 바라보며 살아야 합니다.

여기에 한 가지를 더해 봅시다. 이제 우리의 다음 세대들을 믿는 삶을 살아보는 것은 어떨까요? 우리가 우리의 후배들을, 혹은 제자들을, 혹은 자녀들을 예수님께서 그리하셨던 것과 같이 바라본다면 그들을 대하는 태도가 변할지도 모릅니다. 저는 이런 생각을 가졌더니, 자녀를 바라보는 관점이 변했습니다. 오늘 함께 살아가고, 또 내일 아름다운 세상을 물려줄 후배라고 생각하니 하루하루 함께 하는 시간이 더 귀하게 다가왔습니다.

철학가 에마뉘엘 레비나스(Emmanuel Levinas)는 인간의 존재와 존재 사이의 연속성은 없지만, 타자를 통해 이루어지는 자신의 부활이 연속을 가져온다고 설명합니다. 그리고 이 구조 안에는 '번식성'이 있는데, 번식성은 "시간을 구성하는 비연속적인 것을 가로지르는 것"이라고 합니다.[16] 아버지와 아들은 분명 다른 존재이지만 아들의 존재는 곧 나의 부활이 된다는 것입니다. 아들에게는 정말 부담스럽고 미안한 말이지만, 레비나스의 '타자 철학'은 이 세상을 미련 없이 떠날 수 있도록 도움을 줍니다. 물론 타자를 나로 환원할 수 있다는 뜻은 아닙니다. 저도 제 아들에게 아비의 삶을 살라는 목적성을 주고 싶지 않습니다. 예수님께서 제자들에게 이 세상을 맡기신 것처럼, 저도 아들 하나라도 잘 키워서 미련 없이 세상을 떠날 수 있으면

---

16 에마뉘엘 레비나스, 『전체성과 무한』 (서울: 그린비, 2018), 431.

좋겠습니다.

남아 있는 숙제

이번 장에서 풀지 못한 숙제가 있습니다. 바로 이 땅에서 우리가 하나님 나라를 세워 가야 하는 이유가 무엇이냐는 것입니다. 왜 우리는 아무 대가도 바라지 않고 선하게 살아야 하는가? 칭찬이나 보상을 위해서가 아닌, 그저 하나님 나라를 위해서만 살아가는 것이 가능한 일일까? 그 당위를 충분히 설명하지 못한 것 같습니다. 다음 장에서 배트맨의 사적인 복수가 어떻게 공적인 책임감으로 변화했는지를 살펴보면, 우리가 예수님께서 가르치신 공적인 삶을 살아야 하는 이유의 힌트를 발견할 수 있을 것입니다.

3부

소명

나는 어디로 갈 것인가?
배트맨과 같은 그리스도인은
무엇을 해야 하는가?

WHAT?

지금까지 앞선 장에서는
배트맨과 그리스도인을
연결해 보면서
배트맨으로 살아가는
그리스도인의 의미에
관해 이야기하였다.
이어지는
3부(8 - 10장)에서는
우리가 어디에서, 어떤
활동을 할 것인가를 함께
고민해 보고자 한다.
그리스도인의 소명은
배트맨의 그것과 많이
닮아 있다.

사적 욕심이 공적 책임감으로 변하기까지

나는 복수를 하지

소년 브루스 웨인은 악당들에 의해 부모님을 잃고 방황했습니다. 그러나 그는 부자였습니다. 그의 아버지는 회사 경영과 함께 자선 사업도 하는 사회의 덕망 받는 기업인이었죠. 게다가 정치계에도 입문하여 고담시의 발전을 위해 여러 가지 방면으로 애쓰는 인물이었습니다. 따라서 브루스 웨인은 아버지의 유지(遺旨)를 따라 회사를 경영할 수도 있었고, 밤거리를 정화시킬 만한 능력도 있었습니다. 그래서 그는 스스로 그 악당들을 처단하기 위해 복면을 쓰고 돌아옵니다. 자경단 배트맨 활동의 시작으로 그의 방황도 끝이 난 것입니다.

그런데 브루스 웨인은 왜 부모를 잃고서 회사가 아닌 길거리로 갔을까요? 그동안의 영화 속 배트맨은 이미 완성되고 이미 성숙한 배트맨의 모습을 많이 그렸습니다. 모던 에이지 시대에서 팀 버튼의 배트맨은 이미 성공한 배트맨이었고, 다크 나이트 시리즈에서는 배트맨의 시작과 끝을 다루었지만 초보 배트맨의 모습을 자세히 다루지는 않았습니다. 그리고 최근 배트맨을 연기한 벤 애플렉의 DC 확장 유니버스 속 배트맨은 은퇴를 앞둔 배트맨이었습니다. 그러나 2022년, 기존과는 다른 사회 초년생 배트맨의 모습을 다룬 영화가 나왔는데요. 그것이 바로 〈더 배트맨〉입니다.

〈더 배트맨〉은 다크 나이트 시리즈 이후 10년 만에 배트맨이 단독 주연으로 등장한 영화입니다. 맷 리브스(Matt Reeves) 감독과 로버트 패틴슨(Robert Pattinson)이 배트맨 역을 맡아 새로운 배트맨 시리즈 3부작의 시작을 알렸습니다. 역사상 가장 젊은 배트맨인 〈더 배트맨〉에서는 아직 방황을 마무리하지 못한 브루스 웨인의 배트맨 2년 차 활동을 다룹니다. 앞서 많은 배트맨이 있었기에 캐릭터 설정에 있어서 독창적인 부분을 보여 줘야만 했겠죠. 그러한 이 영화의 비장한 각오는 그 영화 예고편 속에 잘 묻어나 있습니다.[17] 영화의 첫

17 이 영화는 배트맨 활동 2년 차라는 설정 외에도 기존 영화들과의 차별성을 보여 준다. 팀 버튼 영화의 만화 같은 느낌을 가지고 있으면서도 동시에 크리스토퍼 놀란 감독과 같은 현실적인 연출을 가미하했다. 그래픽 노블 원작들을 충분히 살려, 블록버스터 슈

배트맨 역을 맡은 배우

로버트 패틴슨(Robert Pattinson)은 실사 영화에서 배트맨을 연기한 아홉 번째 배우이다. 33세의 배트맨 배역을 맡아 역대 배우 중 최연소 기록을 갖게 되었다. 〈더 배트맨〉은 이어지는 시리즈를 통해 새로운 '배트맨 유니버스'를 만들어 간다고 하니, 미완의 젊은 배트맨의 성장을 지켜보는 재미도 있겠다. 과연 영화를 기준으로 가장 많이 배트맨을 연기하는 배우가 될 수 있을까? 현재 기록은 다크 나이트 3부작을 연기한 크리스찬 베일이다(3회). 마이클 키튼과 벤 애플렉도 영화 〈플래시(2023 개봉 예정)〉에 다시 출연한다는 소문이 있는 만큼 배트맨의 세계가 어떻게 확장될지 매우 기대된다.

1대 〈배트맨〉(1943)의 루이스 윌슨(Lewis Wilson)
2대 〈배트맨과 로빈〉(1949)의 로버트 로워리(Robert Lowery)
3대 〈배트맨〉(1966)의 아담 웨스트(Adam West)
4대 〈배트맨〉(1989), 〈배트맨 리턴즈〉의 마이클 키튼(Michael Keaton)
5대 〈배트맨 포에버〉의 발 킬머(Val Kilmer)
6대 〈배트맨과 로빈〉(1997)의 조지 클루니(George Clooney)
7대 〈배트맨 비긴즈〉, 〈다크 나이트〉, 〈다크 나이트 라이즈〉의 크리스찬 베일(Christian Bale)
8대 〈배트맨 대 슈퍼맨〉, 〈저스티스 리그〉의 벤 애플렉(Ben Affleck)
9대 〈더 배트맨〉의 로버트 패틴슨(Robert Pattinson)

번째 예고편에 등장한 배트맨은 갱단을 무자비하게 폭행하며 "너는 도대체 뭐냐?"라는 질문에 이렇게 대답합니다.

> **배트맨:** 나는 복수다. (I'm vengeance.)

이 대사는 배트맨 애니메이션 시리즈의 유명한 대사를 오마주(hommage)한 대사입니다. 그런데 국내에서 공개된 1차 예고편에서 "나는 복수를 하지."라는 자막으로 번역하여 팬들의 원성을 들었습니다. (자막 없이 미국판 트레일러를 먼저 접한 저는 "어벤져스"라고 하는 줄 알고 깜짝 놀라기도 했습니다.) 예고편에서부터 배트맨의 복수를 강조했습니다. 그리고 영화의 마지막 내레이션은 이렇게 끝이 납니다.

> **배트맨:** 복수… 과거를 바꿀 수 없다.
> (Vengeance... won't change the past.)

'2년 차 배트맨의 성장기'를 다룬 이 영화는 복수라는 '사적 욕심'으로 활동을 시작한 배트맨이 어떤 과정을 거쳐 '공적 책임감'을 가지고 활동 하게 되었는지 보여 줍니다. 왜 사적인 복수를 그만

퍼히어로 영화이기보다 추리물에 가까운 분위기도 이 영화만의 매력이다. 배트맨의 활약이 아쉬울 수 있겠으나, 3부작으로 기획된 만큼 속편에서는 보다 성장한 슈퍼히어로의 활약을 볼 수 있다.

두고, 공적인 영웅의 삶을 살게 되었을까요? 그 과정을 자세하게 설명할 수는 없지만, 배트맨은 범죄 집단 및 악당들에 대한 복수라는 사적 욕심에 기인하여 힘을 쓰는 자신이 그들과 다르지 않다는 것을 깨닫게 되고 스스로 변화합니다.

자연스럽게 자라는 책임감

복수하는 배트맨이 고담시를 구하는 영웅이 되는 과정은 사실 그렇게 특별하다고 볼 수 없습니다. 〈더 배트맨〉의 주제는 배트맨의 훈련이나 교육이 아니라 배트맨의 '성장'입니다. 그리고 영화 속에서 이전에 그에게 없던 것이 하나 생겼다면 그것은 '책임감'입니다. 책임감이 생겨서 사적 활동이 공적 활동으로 확장하게 된 것입니다. 물론 요즘 세상에는 책임감 없는 어른들도 많지만, 내가 아닌 타자에 대해 사회적 책임감을 가져야 한다는 것은 부연이 필요 없는 너무도 당연한 이야기입니다. 어찌 보면 책임감은 배워야 하는 것이라기보다 사회성과 함께 성숙한 시민으로서 자연히 갖춰지는 것이 아닐까요?

칼 마르크스(Karl Marx)가 비판한 것처럼, 기독교는 사람들의 현실의 삶에 관심을 두지 않는 '인민의 아편'이 아닙니다. 더불어, 인류의 번영을 위한 종교도 아닙니다. 다만, 이 땅 가운데 하나님의 도(道)가 성취되는 하나님 나라를 세워 나가는 종교입니다. 우리에게 그러한 책임이 주어진 것입니다. 디트리히 본회퍼(Dietrich Bonhoeffe),

자끄 엘륄(Jacques Ellul), 존 하워드 요더(John Howard Yoder), 존 스토트(John Stott), 스탠리 하우어워스(Stanley Hauerwas), 맥스 스택하우스(Max L. Stackhouse) 등 기독교의 사회적 윤리와 실천을 설명하는 위대한 선생님들이 많이 계십니다. 그들의 가르침을 여기서 거창하게 인용하며 설명하고 싶은 욕심을 잠시 내려놓고, 대신 이어령 선생님의 말을 소개해 보고 싶습니다.

> 인간이 풀 수 있는 영역에 대해서 하나님은 늘 침묵하신다는 것을 깨달았습니다. 인간의 역사는 인간이 만들고 인간이 풀어야 합니다. 그것이 바로 에덴 바깥에서 일어나는 인간들의 비극이고 원죄에 대한 값이지요.[18]

이어령 (1933 ~ 2022)

18 이어령, 『지성에서 영성으로』 (파주: 열림원, 2017), 236.

네 살 터울의 아들 둘을 키우다 보니 첫째의 육아기가 기억이 나질 않습니다. 최근 둘째 아이가 태어나 다시 좌충우돌 초보 육아를 하게 되었는데, 둘째 아이의 뒤집기, 배밀이, 옹알이 모든 것이 새롭고 사랑스럽습니다. 아기를 키우면서 큰 깨달음을 얻습니다. 아기는 대개 처음 자신에 대해서 잘 인지하지 못하고, 엄마가 자기인 줄로 알고 집착한다고 합니다. '엄마 껌딱지'라는 말처럼 말입니다. 그러다 엄마와 자신의 존재를 분리하며 그때부터 나와 타자에 대해 알아 가기 시작하는데, 좀 더 시간이 지나면 아기는 가족을 알게 됩니다. 돌도 안 된 아기가 낯선 이를 보며 눈물을 보이다가 아빠 품에 와서 평안을 되찾습니다. 이렇게 아빠를 알아보고 와서 안기는 아기를 보면 아빠로서 뿌듯함이 생기게 됩니다. 말도 못 하는 아기가 아빠를 알아본다는 것을 느끼며 아빠도 더욱 책임감을 가지게 됩니다.

첫째 아들과 저는 제법 시간을 많이 보낸 편입니다. 돌도 안 된 아기를 데리고 문화센터를 다녔고, (그 당시 아기를 데려온 아빠는 저 혼자였죠.) 18개월 때 단둘이 1박 2일 부산 여행도 다녀왔습니다. 그리고 아이가 3살 때부터 5살 때까지 3년간 저와 출퇴근 길을 함께 했습니다. 차량 운행이 없는 어린이집의 특성상 제가 아이의 등하원 길을 동행했습니다. 차를 타고 어린이집을 오고 가는 매일 20분의 시간 동안 우리는 함께 노래를 듣고 부르며, 대화를 나누고 그렇게 단짝 친구가 되었습니다.

"아빠는 내 단짝 친구야."

단짝 친구라고 고백해 주는 아들에게 고맙기도 하지만, 저는 아들의 이 마음이 영원하지는 않을 거라는 것쯤은 알고 있습니다. 이미 변화의 징조가 나타났습니다. 어린이집에서 아빠와 헤어지는 것을 싫어하고, 주말에 엄마 아빠 없이 시간을 보내는 것을 상상조차 할 수 없었던 아들은 6살이 되자 변하기 시작했습니다. 부모가 동참하지 않는 교육 프로그램들도 씩씩하게 다니기 시작했고, 주말에 집에 친구를 초대해 친구와 노는 시간을 즐겼으며, 좋아하는 여자 친구까지 생겼습니다. 가족밖에 모르던 아이가 유아기가 되니 사회성이 생긴 것입니다. 이런 모습을 보면 가끔은 아쉽기도 하지만, 때에 따라 잘 크고 있으니 감사할 따름입니다. 이제 단짝 친구는 아니더라도 친구 같은 아빠로 계속 사이좋게 지내고 싶습니다.

자기밖에 모르는 어린아이는 시간이 지나면서 부모와 가족을 알게 되고, 곧 선생님과 친구, 그리고 사회를 배우게 됩니다. 아들이 친구와의 속상한 일이 있을 때면 '내가 소중한 만큼 남도 소중한 존재'라는 것을 가르쳐 주려고 합니다. 이렇게 이웃과 더불어 사는 것을 몸소 배우고 조언도 들으면서 한 사람이 성장합니다.

성숙한 그리스도인

앞선 장에서 이런 질문으로 마무리했습니다. 왜 우리는 아무 대가도 바라지 않고 선하게 살아야 하는가? 칭찬을 위해서가 아니라 그저 하나님 나라를 위해 산다는 것이 가능한 일일까? 저는 이것을 어떤 거창한 당위로 설명하려고 하지 않겠습니다. (공감과 연대 같은 마음은 자연스러운 성장의 결과물이 아닐 수도 있지만) 저는 여기서는 '성장'이라는 말로 이야기하고 싶습니다.

우리의 신앙도 배트맨의 성장이나 아이의 성장과 별반 다르지 않습니다. 배트맨이 개인의 복수가 아닌 고담시를 위해 일하는 영웅이 되는 것처럼, 또 한 사람이 한 사회의 구성원이 되는 것처럼 우리의 신앙도 성숙하며 성장합니다. 신앙의 시작은 대개 개인의 필요로 시작됩니다. 기댈 곳 없는 이들이 위로와 안식을 얻기 위해, 천국을 향한 소망을 품으면서 하나님과의 영적인 교제, 곧 신앙생활을 시작하게 됩니다. 모태 신앙으로 신앙의 동기가 약한 이들도 영적인 체험을 통해 자신이 죄인이라는 사실을 깨닫고 회개하며 하나님을 인격적으로 만나고 본격적인 신앙생활이 시작됩니다.

그러다 신앙이 성장할수록 그리스도인으로서의 책임감이 점점 자라나게 됩니다. 하나님을 모르는 가족과 이웃들의 영혼을 불쌍히 여기고 그들의 영혼 구원을 위해 기도하며, 사회의 어두운 부분에 그리스도의 사랑이 전해지기를 바라게 됩니다. 신앙이 성숙할수록 세상과 타자에 대한 관심이 깊어지게 되는 것이죠. 이처럼 개인의 필요로 시작된 신앙이 잘 성장하는지를 확인하는 것은 하나님 사랑이 이웃 사랑으로 이어지고 있는지를 보면 됩니다.

> 새 계명을 너희에게 주노니 서로 사랑하라 내가 너희를 사랑한 것 같이 너희도 서로 사랑하라. 너희가 서로 사랑하면 이로써 모든 사람이 너희가 내 제자인 줄 알리라 _요 13:34 - 35

서로 사랑하는 것은 가장 큰 계명입니다. 성숙한 그리스도인이라면 당연히 해야 하는 것이죠. 성경도 우리에게 그렇게 가르쳐 줍니다. 요한복음 3장 16절에 그리스도의 나를 위한 사랑이 요한일서 3장 16절에 와서는 그리스도인의 이웃 사랑으로 업그레이드됩니다.

> 그리스도께서 우리를 위하여 자기 목숨을 버리셨습니다. 이것으로 우리가 사랑을 알게 되었습니다. 그러므로 우리도 형제자매를 위하여 목숨을 버리는 것이 마땅합니다 _요일 3:16, 새번역

하나님을 사랑하는 사람이라면 이웃을 사랑하는 것이 마땅합니다. 당연한 삶의 윤리이자, 하나님께서도 원하시는 것입니다. 또한 우리는 세상의 소금이요 빛이어야 합니다(마 5:13 - 15). 성숙한 그리스도인이 되어 갈수록, 주님의 명령에 따라 이를 실행할 수 있게 됩니다.

누구나 영웅이 될 수 없다

그러나 사실 이 길은 쉬운 길이 아닙니다. 누구나 영웅이 될 수 없습니다. 또한, 어른이 된다고 해서 모두가 책임감을 갖게 되는 것도 아닙니다. 신앙생활을 50년 넘게 한 그리스도인도 형제자매를 위해 목숨을 버리는 일이 결코 쉬운 일이 아닙니다. '마땅한 일'이지만 그 누구도 할 수 있다 장담할 수 없습니다. 이것이 쉬운 일이었다면, 본회퍼를 비롯한 위대한 선생님들께서 기독교 사회 윤리, 그리스도인과 교회의 사회적 책임에 관해 이야기하시지 않았을 것입니다. 내 한 몸 건사하기 힘든 세상에서 타인을 위해 사는 것은 정말 말도 안 되게 힘든 일입니다.

교회 안에서 청소년들을 만나며 놀랐던 것이 있습니다. 많은 중고등학생 청소년들의 꿈이 바로 '평범한 삶'을 사는 것이었습니다. 이웃 사랑과 사회적 책임, 하나님의 비전을 외쳐도 그 이야기를 듣는 청소년은 그냥 이 입시 지옥에서 빨리 벗어나 평범한 삶이라도 살고 싶어 했습니다. 어떤 직업을 갖고 싶다는 선호는 있었지만, 어떤 사람이 되겠다는 꿈과 비전을 갖춘 청소년은 극히 드물었습니다. 많은 학생이 일반적이고 평범한 길을 걸으며 자신만의 길보다 세상의 기준에 자신의 성적을 맞춰 살아갈 길을 찾았고, 성적에 맞는 대학에 가서 아르바이트하고 여행을 다니다가 취업을 하는 것이 청소년들의 꿈이었습니다. 여기에는 세상을 변화시켜야 한다는 동기나 약자를 돌봐야 한다는 사회적 책임이 크게 작용하지 않았습니다.

교회 안의 청소년들도 마찬가지입니다. 청소년부 담당 목사가 되어 교회 안에서 입신양명의 꿈조차 없는 이들에게 타자를 향한 책임, 하나님 나라의 임재를 이야기하는 것은 너무나도 어려운 일이었습니다. 그들은 신앙생활과 자신의 진로는 별개의 것으로 받아들였습니다. 여름 수련회에서 얻은 놀라운 감동은 바쁜 학업 일정 중 3일이나 시간을 낸 자신이 얻게 된 보상이었습니다. 그러나 그 이상 발전하는 일은 거의 없었고, 수련회에서 흘린 눈물은 그 자체로도 감사하고 훌륭한 것이지만 위로와 휴식 그 이상, 그 이하도 아니었습니다. 그리고 다음날 다시 그들은 입시학원으로 몸을 돌렸습니다. 무엇을 위해 그것을 해야 하는지 깨닫지 못한 채 말입니다. 이렇듯 누구나 영웅이 될 수는 없지만, 누구도 영웅이 되려고 하지 않았습니다.

양으로 승부 vs 질로 승부

결국, 우리에겐 성장이 필요합니다. 오늘날에는 성숙한 신앙인으로 성장할 기회가 없습니다. 기회를 만들어 줘야 합니다. 한 기독교 교육 기관은 '2시간 대(對) 166시간'으로는 성공할 수 없다고 말합니다. 168시간의 일주일 생활 중 교회 안에 머무르는 시간 1~2시간만 가지고는 세상에서 승리할 수 없다는 것이죠. 그래서 교회 안에 머무르는 시간, 그리고 하나님과 함께하는 시간을 늘려야 한다고 주장하는데, 과연 바쁜 시간을 쪼개서 예배하러 나온 학생들을 더 붙잡는다고 변할까요? 물론 몸이 있는 곳에 마음이 가는 법입니다. 그래서 이 가르침에 일면 동의하면서도, 신앙생활을 사회생활과 분리하는 시각이 우려가 되기도 합니다. 신앙생활을 사회생활과 분리할 수 있을까요? 브루스 웨인처럼 배트맨으로 활동하는 시간을 늘려야 고담시를 구할 수 있을까요? 브루스 웨인이 배트맨 가면을 벗는다고 그가 배트맨이 아니라고 할 수 없습니다. 그의 사적 복수심이 활동 시간을 늘려서 공적 책임감으로 변한 것이 아닙니다. 그는 악당들과의 '싸움'을 통해 성장하고 성숙하였습니다.

관점을 바꿔서, 양에 집중하지 말고 질에 집중하여 성장할 수 있도록 도와야 합니다. 신앙생활이 아니라 생활 신앙인으로 살아가라는 말이 있습니다. 즉, 어디서나 신앙인이 되어야 한다는 것입니다. 우리는 168시간 모두 그리스도인이기 때문입니다. 그리고 우리가 있어야 할 곳이 바로 이웃과 함께하는 세상이기 때문입니다. 배트맨으로 살아가는 기독교인의 책임은 세상에 있습니다. 이것을 알려 주고, 자신에 대해 생각하고 세상에서 하나님 나라의 소명을 발견할 수 있도록 도와야 합니다. 세상에서 상처받고 세상의 치열한 삶 속에서 지친 자들을 향한 개인의 위로와 격려를 뛰어넘어야 합니다. 현대인의 바쁜 삶 속에서 어떻게 양이 아닌 질로 승부할 수 있을지는 더욱 고민하고 노력해야 할 일입니다.

영적 성숙을 꿈꾸며

세상살이 바쁘고 힘들어 죽겠는데, 교회에서도 헌신을 요구하여 지쳤습니까? 교회도 세상도 힘든 시대를 지나고 있는 만큼, 교회 안에는 당신의 수고가 필요합니다. 교회 사역도 중요하죠. 교회가 바로 서는 일에 쓰임받는다는 것은 기쁜 일입니다. 우리가 할 수 있는 만큼 최선을 다하면 얼마나 좋을까요? 다만, 최선을 넘어 헌신으로 번아웃되는 일이 없기를 바랄 뿐입니다.

교회 안에 머물러야 하는데, 세상에 너무 빠져 사는 듯하여 죄책감을 갖지는 맙시다. 교회에서도, 세상에서도 우리는 그리스도인입니다. 더 중요한 것은 내가 성숙한 신앙인으로, 생활 신앙인으로 언제 어디서나 그리스도인으로 살아가고 있는지를 돌아보는 것입니다. 당연한 과제인 이웃 사랑을 기억하고, 사적 신앙을 공적 신앙으로 키워 냅시다. 하나님은 우리를 누구나 될 수 없는 영웅으로 부르셨습니다. 이제부터 어린아이가 되지 말고, 더 나아가 그리스도의 장성한 분량이 충만한 데까지 이릅시다(엡 4:13 - 14).

나 한 몸 건사하기도 힘든 이 세상이지만 이웃에게 눈을 돌릴 수 있는 여유가 생기기를 바랍니다. 우리에게 주어진 이 책임을 잘 감당할 만한 능력이 생기기를 바랍니다. 무엇보다 배트맨으로 살아가는 기독교인에 공감한다면 평범한 삶을 넘어 영웅의 삶을 꿈꾸기를 바랍니다.

세상은 영웅을 필요로 한다

배트맨이 필요할 때

"도와줘요. 슈퍼맨!" 이렇게 슈퍼맨에게 도와달라고 외치면, 귀가 밝은 외계인 슈퍼히어로 슈퍼맨이 출동합니다. 슈퍼히어로들은 부르지 않아도 위기의 순간마다 알아서 나타나기도 하지만, 때때로 사람들의 부름에도 응답합니다. 뉴스를 통해 간접적으로 듣기도 하고, 때로는 직접 전화를 받기도 합니다. 본부가 있는 경우에는 호출기를 사용하기도 하는데, 마블의 영화 〈어벤져스 2: 인피니티 워〉에서 닉 퓨리 국장은 무선호출기(pager)를 통해 캡틴 마블을 부릅니다. 반면 배트맨은 귀가 밝지도 않고, 무선호출기를 들고 다니지도 않습니다. 간접적으로 뉴스나 악당들이 남긴 힌트들을 보겠지만,

전화나 문자메시지를 확인하지는 않습니다. 상황이 매우 급할 때 그에게 전화를 할 수도 없습니다(몇몇 영화에는 예외도 있습니다). 그는 초능력이 없는 인간이고 자신의 정체를 드러내지 않기 때문입니다. 그렇다면 배트맨이 필요할 때 그를 어떻게 부를까요?

배트맨을 필요로 할 때 사용되는 것이 있습니다. '배트시그널'이라는 조명입니다. 박쥐 모양의 배트맨 심볼을 조명을 통해서 밤하늘에 띄우는 것입니다. 주로 배트맨의 공권력 파트너인 제임스 고든 경찰청장이 사용하며, 경찰이 자신들의 힘만으로 범죄자들을 처리할 수 없을 때 사용합니다.

영화 속 배트시그널을 비교해 보는 것도 나름 재미있는데, 보통은 고담시의 경찰청 건물에 설치되어 있습니다. 〈배트맨〉(1989) 영화에서는 배트맨이 고든에게 직접 만들어 주었는데, 〈배트맨 포에버〉에서는 제임스 고든이 배트맨에게 직접 영상 통화를 거는 새로운 설정이 등장하기도 하였지만, 이 영화에서도 배트시그널이 배트맨을 부르는 주요 장치로 사용됩니다. 〈배트맨 비긴즈〉에서는 고든이 제작하여 사용합니다. 〈배트맨 비긴즈〉를 포함한 다크 나이트 시리즈에서 총 4회 배트시그널이 사용되는데, 결국 누군가에 의해 파괴되고 맙니다. (영화를 통해 직접 확인하는 것을 추천 드려요!) 배트시그널이 앞선 영화들에서 고담 경찰청 옥상에 설치된 것과는 다르게, 사회초년생 배트맨을 다룬 〈더 배트맨〉에서는 경찰서가 아닌 고층 폐건물 위에 설치되어 있습니다. 이는 제임스 고든도 아직 경위의 신분에 있기 때문입니다. (영화 속 설정상 배트맨의 경력에 따라, 주변 인물들의 지위도 변화합니다.) 또한, 배트시그널은 영화의 시작과 마지막에서 중요한 상징으로 등장합니다. 배트시그널이 없는 장면도 묘사가 되는데, 이 조차도 영화 속 중요한 표현입니다. 배트시그널은 배트맨 존재에 관한 메타포(Metaphor) 그 자체라 할 수 있겠습니다.

어둠의 도시 고담시의 밤하늘에 떠오른 배트시그널은 적에게 공포를 주는 무기이기도 합니다. 배트맨이 곧 나타난다는 두려움 자체로 범죄 예방 효과가 있습니다. 고담의 범죄자들은 배트시그널을 보고 벌벌 떨며 숨기 바쁘고, 〈다크 나이트〉에서는 범죄자들이 배트맨이 없는데도 어두운 골목길을 보자, 혹여 배트맨이 있을까 두려워 떨며 도망을 가기도 합니다. 한 명의 배트맨이 고담시 전체를 상대하는 효과적인 무기인 셈입니다. 어둠의 기사다운 멋진 방법입니다.

너희는 세상의 빛이다

예수님께서는 우리 그리스도인들을 빛으로 부르셨습니다.

너희는 세상의 빛이다. 산 위에 세운 마을은 숨길 수 없다. 또 사람이 등불을 켜서 말 아래에다 내려놓지 아니하고, 등경 위에다 놓아 둔다. 그래야 등불이 집 안에 있는 모든 사람에게 환히 비친다. _마 5:14 - 15, 새번역

"너희는 세상의 빛"

배트시그널과 그리스도인의 빛. 둘은 빛이라는 특성이 중첩된다고 볼 수 있습니다. 둘 다 어두운 곳에 빛을 비추는 것이죠. 그러나 큰 차이가 있습니다. 어둠을 이기는 방법입니다. 어두운 밤하늘의 배트시그널은 공포를 주어 악당들을 혼내지만, 그리스도인들의 빛은 세상을 밝게 비추는 역할을 합니다. 어둠을 이기기 위해서는 칼이나 무기를 아무리 휘둘러도 되지 않습니다. 다만, 불을 켜면 어둠이 물러나고 빛이 찾아옵니다. 그리스도인들은 이렇게 어둠을 물리치는 사람들입니다.

배트맨과 그리스도인의 닮은 점은 둘 다 세상이 필요로 하는 존재라는 점입니다. 종종 배트맨이 사람들의 환호를 받지 못할 때가 있지만, 배트맨을 필요로 할 때는 늘 배트시그널이 켜집니다. 배트시그널이 켜져 있다는 것은 사람들에게 배트맨이 필요하다는 뜻입니다. 그리스도인도 과연 그럴까요? 세상 사람들은 교회를 향해 배트시그널을 켜서 도와달라고 외치지는 않습니다. 그러나 분명 세상은 그리스도인을 필요로 합니다. 앞선 장에서는 정체를 숨길 수밖에 없는 현실을 이야기했는데, 갑자기 세상이 그리스도인을 필요로 한다고 하니 조금 당황스러울지도 모르겠습니다. 그러나 단언컨대 교회는 세상에 필요한 존재입니다. 그렇게 부름받았고, 그렇게 살아가야 합니다.

주일학교를 아시나요?

교회가 세상에 유익을 끼쳤던 경우들이 많이 있습니다. '주일학교'라는 말은 본래 오늘날 교회의 교육부를 의미하는 말이 아니었습니다. 말 그대로 'Sunday School'. 즉, 일요일에 열리는 학교였습니다. 18세기 산업 혁명이 한창이었을 당시 영국의 어린이들은 제대로 된 교육을 받지 못했습니다. 이를 본 로버트 레이크스(Robert Raikes)는 아이들이 성경 및 교리문답과 더불어 기초적인 글 공부를 할 수 있도록 주일에 어린이들을 가르쳤습니다. 주일에라도 공부할 수 있도록 도와주는 대안 학교가 바로 주일학교였습니다. 공부를 제대로 하지 못하는 소년공들을 위한 학교가 교회에서 시작된 것입니다. 이러한 소년공들이 새로운 꿈을 꾸는 곳이 바로 교회였고, 주일학교였습니다.

2022년 어린이날은 제정된 지 100년 된 날이라 뜻깊게 하루를 보냈습니다. 1920년대 방정환 선생을 중심으로 한 천도교 소년회의 활동이 어린이의 지위 향상에 기여했다고 알려져 있으나, 한국의 개신교에서도 그 이전부터 어린이를 위한 활동을 주도했었습니다. 마티 노블(Marty Noble) 선교사는 교육의 기회에서 배제되는 여자

아이들의 현실을 기록했고, 특히 1902년 『아모권면』을 발간하여 아이를 가진 어머니를 위한 책을 발간하기도 했습니다. 또한 언더우드(Horace Grant Underwood) 선교사가 자신의 첫 사역으로 사택에서 고아원을 운영하는 등, 많은 선교사들이 아동들을 위한 사역에 힘썼습니다.[19] 이후 교회는 계속해서 어린이를 위한 사역을 진행하였는데, 1932년 조선기독교 연합공의회의 사회 신조에 아동의 인격 존중과 소년 노동의 금지를 담은 내용이 담겨 있습니다. 요컨대, 어린이날이 생기기 이전부터 교회는 어린이의 지위 향상을 위해 애써 왔다는 것입니다.

그런데, 오늘날 주일학교가 문을 닫고 있습니다. 기독교 대한감리회의 원입 아동(교회에 출석한 아동)수는 2010년 185,051명에서 2021년 79,528명으로, 예장 통합 어린이부는 2010년 89,900명에서 2019년 52,427명으로 각각 40% 이상이나 감소하였습니다.[20] 여러 가지 이유가 있겠지만, 어린이의 지위가 이미 충분히 높아지기도 했고 교회가 앞서 해나가야 할 사명을 다한 것이 아닌가 싶기도 합니다. 학교, 학원, 여러 교육 프로그램들이 교회의 프로그램을 앞서 나가고 있습니다. 어린이들이 필요한 것을 채워 줘야 하는데 더 이상 교회가 특별히 해줄 것이 없는 것도 같습니다. 게다가 주일학교 안에

19 서신혜, "1910년대 이전의 아동 위상 제고 활동" 『온지논총 55』 (2018), 239–266 참고.
20 손동준, "2030년 주일학교 90% 사라질 수도" 비관적 전망, 「아이굿뉴스」 2021.05.11. (https://www.igoodnews.net/news/articleView.html?idxno=66398)

배트맨 찐팬 되기

정의로운 경찰, 제임스 고든

주된 배트시그널의 사용자는 고담시의 경찰청장 제임스 고든이다. 사적으로는 '지미'(Jimmy), 공적으로는 '커미셔너 고든'(Commissioner Gordon)이라 부른다. 이 때문에 국내에서는 '고든 청장'으로 알려져 있다. 그의 트레이드마크(trademark)는 콧수염으로, 고담시의 몇 안 되는 청렴하고 정의로운 경찰이다. 배트맨과 협력 관계를 유지하며, 경찰과 배트맨 사이의 연결 고리 역할을 한다.

고든은 배트맨이 처음 등장했던 〈디텍티브 코믹스#27〉(1939) 첫 번째 컷에서부터 등장한 원조 캐릭터이지만, 다크 나이트 트릴로지 전까지의 영화 속에서는 큰 비중이 없었다. 모던 에이지 영화 네 편 모두 배우 팻 힝글(Pat Hingle)이 연기했다. 그러나 고든은 다크 나이트 트릴로지에서 중요한 역할을 맡게 되며 스크린 속 비중을 높였다. 배우는 개리 올드만(Gary Oldman). 배트맨의 초반 활동을 그린 〈더 배트맨〉에서는 고담의 경찰 청장이 아닌, 경위로 등장한다. 제프리 라이트(Jeffrey Wright)는
첫 번째로 흑인 배우가 연기한 제임스 고든이 되었다.

제임스 고든을 제대로 만날 수 있는 것은 드라마 〈고담〉이다. 배트맨의 활동 이전의 고담시를 주제로 이 드라마에서는 '제임스 고든'이 주인공으로 등장한다. 마지막 시즌 전까지, 콧수염을 기르지 않은 젊은 고든 형사를 만나 볼 수 있다. 제임스 고든과 더불어 주요 악당들의 연기가 주목받은 작품으로서, 고담시의 어두운 분위기를 제대로 느낄 수 있다.

FOX의 드라마로, 2014년 시즌 1을 시작해서 2019년 시즌 5로 종영하였다(국내 넷플릭스를 통해 시청 가능).

서도 중심이 흔들리기 시작했고, 신앙 교육보다 세상의 성공을 위한 공부가 우선시 되고 있습니다. 교회 안에서 아이들을 위해 독서 학교, 영어 학교 등 성경적 가치 위에 공부를 가르치는 프로그램들이 제법 존재합니다. 산업 혁명 후 영국의 교회 학교와는 결이 다릅니다. 영국의 교회 학교는 당시 유일한 대안이었는데, 오늘날 교회 안에서 하는 공부에는 절실함이 부족합니다. 과거와 달리, 어린이들을 위한 교육 콘텐츠가 넘쳐 나는 세상에서 교회의 교육 콘텐츠가 가야 할 길이 아직도 멉니다. 교회 학교가 살아남기 위해 영어 교육을 교회에서 하는 것이 아니라, 기독교의 바른 가치와 세계관 교육을 위해서 교회 학교가 계속해서 필요하다고 생각합니다.

교회가 사회에 유익을 끼쳤던 분야는 다 열거할 수 없을 만큼 참으로 많습니다. 그러나 어린이 문제처럼 교회가 앞서 나갈 수 없는 분야가 점점 많아지고 있습니다. 사회 시스템이 발전하고 갖춰질수록 교회의 대사회적 활동들이 위축될 수밖에 없는 현실입니다.

우리가 필요 없다고?

오늘을 생각해 봅시다. 오늘 우리가 처한 현실, 교회의 역할을 다할 수 있습니까? 교회와 그리스도인들은 더 이상 이 사회의 슈퍼히어로가 될 수 없는 것일까요? 세상이 아직도 우리를 원하고, 하늘을 향해 배트시그널을 켜주고 있나요?

유발 하라리(Yuval Harari)는 『호모 데우스』를 통해 인간이 인류의 문제들 즉, 기아, 역병, 전쟁을 극복하고, 불멸, 행복, 신성을 향하여 가게 될 것을 이야기합니다. 인간이 농업 혁명을 통해 동물을 짓밟아 특별한 종이 되었지만, 결국은 신 아래의 인간이었습니다. 그러나 인본주의 혁명을 통해 종교마저 짓밟고 인간이 최고인 세상을 만들어 냈으며, 더 나아가 앞으로의 과학 기술 혁명은 소수의 부자들만 누리거나, 아니면 새로운 종교가 되어 기술이 사람들을 다스릴 것이라고 주장합니다. 하라리의 말에 의하면 더 이상 신이 필요 없는 세상이 된 것입니다. 그는 앞으로 신을 섬기는 종교는 사라지고, 개인을 수양하는 종교만 남을 것이라고 전망합니다. 결국 교회가 필요 없는 세상이 도래한다는 것이죠. 교회와 그리스도인들을 향해 도와달라는 배트시그널이 점점 희미해지고 있습니다. 세상은 우리를 필요로 여기지 않는 것 같기도 합니다. 세상은 우리를 정말 필요로 여기지 않는 것일까요?

아기를 키워 본 사람이라면 한 번쯤 드는 생각이 있습니다. '잘 때가 제일 예쁘구나.' 아기는 정말 잘 때가 제일 예쁩니다. 하지만 갓난아이일수록 밤에 자주 깹니다. 우리 집 아이들도 돌이 되기 전에 4시간 이상 쭉 자본 적이 없습니다. 새벽에 아기가 깨면 엄마는 예민하고 민첩하게 반응합니다. 배고프지는 않은지, 기저귀가 많이 젖지는 않았는지 확인하고 아이의 필요를 채워 줍니다. 그리스도인이 가야 할 길도 여기에 있지 않을까 생각합니다.

아직 교회를 향한 시그널은 꺼지지 않았습니다. 다소 희미해졌을지라도 결코 꺼지지 않았습니다. 누군가는 오늘도 도와달라는 시그널을 보내고 있습니다. 예수의 삶도 모두에게 환영받는 삶이 아니었습니다. 도리어 많은 사람에게 인기를 끌수록 경계하셨습니다. 다만 그가 경계하지 않고 늘 가까이 다가가는 그룹이 있었으니, 그는 세리와 죄인의 친구셨으며, 거지, 아픈 자, 고아, 과부의 친구가 되어 주셨습니다.

배트맨으로 살아가는 그리스도인들은 세상의 어두운 사각지대에 관심을 가질 수 있어야 합니다. 배트맨이 어두운 뒷골목에서 활동했던 것처럼 말입니다. 아직 그곳에서 그리스도인들을 향해 시그널을 보내고 있기 때문입니다. 과학 기술이 발전하면 할수록 격차가 커질 것입니다. 유발 하라리도 소수의 부자들만이 과학 발전의 혜택을 누릴지 모른다고 걱정했습니다. 과학이 발전하면서 인류의 많은 문제를 해결해 나가고 있지만, 그 이면에 있는 어두운 그림자는 점점 더 짙어지고 있습니다. 가난한 이들, 아픈 이들, 소외된 이들, 보호받지 못하는 이들이 아직도 많이 있습니다. 그러니 그리스도인들을 향한 배트시그널이 점점 희미해지더라도, 그리스도인은 조용한 새벽 아기 울음에 반응하는 엄마처럼 예민하게 반응해야 하지 않을까요? 세상이 그리스도인들을 필요로 하는 곳, 그곳에 서야 합니다. 아직 교회와 그리스도인이 해야 할 일이 많이 남아 있습니다.

백인 남성 부자

사실 지금까지 배트맨이라는 '진부한 백인 남성 부자' 캐릭터를 다루면서 마음의 빚이 있었습니다. 배트맨으로 그리스도인의 소명과 삶을 이야기하기에는 캐릭터가 가진 한계가 분명히 존재하기 때문입니다. 하지만 그의 화려한 겉모습이 아닌, 그도 상처 입은 자로서 아픔을 아는 '인간'이라는 모습에 더 집중했으면 좋겠습니다. 배트맨으로 살아가는 그리스도인의 참 의미를 브루스 웨인과 같이 '힘을 가진 자들'에게서 찾아서는 안 됩니다. 대신 힘이 없어도 진정 도움이 필요한 곳을 알고 찾아갈 수 있는 자들에게서 찾아야 합니다.

1990년대 배트맨 영화도 이와 같은 점을 의식하였는지, 남성 중심 서사만을 보여 주지는 않았습니다. 특히, 〈배트맨 2 - 배트맨 리턴즈〉 영화 전반에는 강한 여성의 이야기가 들어 있습니다. 팀 버튼 감독은 캣우먼의 배경 이야기를 새롭게 만들었는데, 바로 고담시의 사업가(이자 악당)인 맥스 슈렉의 무시받던 여비서가 캣우먼으로 각성했다는 설정입니다. 1990년대 초반임에도 불구하고 영화 속 캣우먼은 강한 여성의 모습을 보여 줍니다. 남성 범죄자를 스스로 처단하고, 약한 여자에게는 "왜 당하고 사냐? 배트맨만 기다릴 거냐?"라고 이야기합니다. 영화의 마지막 장면은 캣우먼이 떠난 후 그녀가 키우던 검은 고양이를 품에 안고 씁쓸하게 집으로 돌아가는 브루스 웨인이 나옵니다. 돌아가는 차 안에서 알프레드 집사와 브루스 웨인이 다음과 같은 대화를 나누는데, 이것이 영화의 마지막 대사입니다.

> **알프레드:** 어찌 됐건 메리 크리스마스.
> (Well, come what may. Merry Christmas, Mr. Wayne.)
> **브루스:** 메리 크리스마스. 인류가 평온하기를…. 특히 여자들이.
> (Merry Christmas, Alfred. Good well toward men... and women.)

배트맨이 백인 남성 부자라는 점에만 집중하지 않았으면 좋겠습니다. 배트시그널은 백인 남성 부자인 브루스 웨인을 부르는 것이 아니라, 어둠의 기사인 배트맨을 부르는 것입니다. 배트시그널은 부자, 정치인 등, 힘이 있는 자들을 부르는 것이 아닙니다. 조용히 자신을 드러내지 않고 진정한 도움을 줄 수 있는 배트맨을 부르는 것입니다. 따라서 배트맨은 약자 혹은 도움이 필요한 이웃과 함께합니다.

그리 거창한 것을 기대하지 말고, 내가 누구인지에 대해 너무 걱정하지 않아도 됩니다. 부자가 아니어도 됩니다. 다만 내가 어디에 서야 하는지가 더 중요합니다. 아직 세상이 우리를 향해 시그널을 보내고 있다는 것을 기억하면 됩니다. 그리고 어디서 배트시그널을 보내고 있는지를 예민하게 느낄 수 있다면 충분하지 않을까 싶습니다.

세상은 아직 우리를 필요로 합니다. 우리가 해야 할 일이 많

눈을 들어 하늘 보라 어지러운 세상 중에 곳곳마다 상한 영의 탄식 소리 들려온다
빛을 잃은 많은 사람 길을 잃고 헤매이며 탕자처럼 기진하니 믿는자여 어이할꼬 _ 찬송가 515장

이 있습니다. 교회가 아닌 세상 속에서 할 일이 많습니다. 그리스도인이라고 해서 교회 안에만 머무르지 않습니다. 세상 속에서 살아가고 있습니다. 예수님의 제자들은 오순절 다락방 성령 강림 이후 더 이상 다락방에만 머물러 있지 않았습니다. 그들은 자신들이 가야 할 곳으로 흩어졌습니다. 그곳에서 자신의 소명을 다하며, 복음을 전한 것이 오늘날 우리에게까지 이어져 온 것입니다. 박해를 당하면서도 세상을 비추는 빛의 역할을 감당해 왔습니다. 이제 후배인 우리의 삶도 마찬가지입니다. 우리는 어디로 가야 할까요? 우린 무엇을 해야 할까요? 우리에게는 소명이 있습니다. 우리는 부름을 받은 존재입니

다. 내가 그리스도인이라는 정체성이 남아 있다면, 계속해서 우리는 어디로 가야 하는가를 치열하게 고민해야 합니다. 어디서 우리에게 배트시그널을 보내고 있는지 예민하게 살피고 반응해야 합니다.

수수께끼와 같은 세상으로

The World's Greatest Detective (세계에서 가장 위대한 탐정)

배트맨의 직업은 본래 탐정입니다. 범죄 사건의 미스터리를 파헤치고 겉으로 드러나는 상황뿐 아니라, 사건의 흑막을 찾아내 범죄의 고리를 끊어 내는 일을 했습니다. 배트맨 블록버스터 영화에서는 이러한 탐정 배트맨의 역할이 잘 드러나지 않고 있지만, 원작 코믹스와 게임[21] 속에서는 이 특징이 잘 드러나고 있습니다. 그도

21 아캄버스(Arkhamverse)라 불리는 락스테디 스튜디오의 배트맨 게임 시리즈는 탐정물과 액션물의 절묘한 조화로 호평받는다. 〈배트맨: 아캄 어사일럼〉(2009), 〈배트맨: 아캄시티〉(2011), 〈배트맨: 아캄 나이트〉(2015)로 이어지는 3부작은 올해의 게임(GOTY)에도 선정되며, 슈퍼히어로 게임계에서 영화계 다크 나이트 시리즈와 비슷한 위상을 갖고 있다.

그럴 것이 배트맨은 본래 탐정 만화(Detective Comics)로 데뷔하였으며, 1977년에는 DC 코믹스(DC comics)가 그대로 자신들의 회사명이 될 만큼 배트맨은 탐정 만화 속 주인공이었습니다. 그리고 배트맨의 유명한 별명 중 하나도 '세계 최고의 탐정'(The World's Greatest Detective)입니다.

최근 영화 속에서도 배트맨의 이러한 탐정이라는 면모에 집중하여 캐릭터를 소개했는데, 그 영화가 바로 〈더 배트맨〉입니다. 이 영화가 기존 배트맨과의 차별성을 드러내는 지점이 (앞서 8장에 소개한) 바로 '2년 차 신입 영웅'이라는 점과 '탐정'이라는 설정입니다. 이러한 탐정이라는 설정을 극대화하기 위해서 이 영화에서는 기존 배트맨 영화에 잘 등장하지 않은 악당을 전면에 내세웠는데 그가 바로 '리들러'입니다. 리들러는 배트맨에게 여러 가지 퀴즈를 남기며 배트맨을 유인합니다. 예를 들면, 리들러가 남긴 암호를 풀면 DRIVE라는 단어가 나오고, 그 단어를 보고 주차장으로 가보면 새로운 단서가 준비되어 있는 식입니다. 이런 식으로 범죄의 큰 그림 속에서 배트맨은 리들러가 남긴 퀴즈를 풀며, 한 발 한 발 그에게 다가갑니다. 따라서 〈더 배트맨〉을 보는 관객들은 배트맨이 리들러의 퀴즈를 풀면서 범죄 사건을 해결하는 과정을 보면서 영웅 어드벤쳐 영화가 아닌, 탐정물에 가깝다고 느끼게 됩니다.

'리들러'라는 캐릭터가 이 영화 속 처음 등장한 것은 아닙니다. 리들러는 영화 〈배트맨 3 - 배트맨 포에버〉 속에서 주요 악당 중

코믹스 속 배트맨

배트맨을 원작으로 만나 보고 싶은가?
만화 속 원작 배트맨은 1939년부터 계속 출간되고 있어, 방대한 역사를 따라가기 쉽지 않다. 만약 그래도 입문하고자 하는 사람이 있다면 DC 코믹스에서 세계관을 재정립한 2011년 '뉴 52'(NEW 52) 작품부터 감상하면 좋겠다. 국내에는 『배트맨(뉴 52)』이라는 이름의 단행본이 출간되어 10권으로 완결되었다. 10권 만으로도 완성도가 높아 배트맨을 만화로 입문하기에 가장 좋다는 평가를 받고 있다.

DC 코믹스는 2016년 'DC 리버스(REBIRTH)'라는 이름으로 한 번 더 세계관을 재정립하였는데, 국내에서는 『배트맨(DC 리버스)』 시리즈(연재 중), 『배트맨: 디텍티브 코믹스』 시리즈(5권 완결), 『올스타 배트맨』 시리즈(3권 완결) 등으로 정식 발매되고 있다.

시리즈가 부담스러우면, 배트맨 단편 코믹스들도 있다. 배트맨의 기원을 담은 『배트맨: 이어 원』과 이어지는 『배트맨: 롱 할로윈』, 그리고 악당 조커의 기원을 담은 『배트맨: 킬링 조크』를 추천한다.

한 명으로 등장했습니다. 유명한 코미디 배우 짐 캐리가 연기한 리들러는 한국 방영 당시 '수수께끼맨'(KBS), '퀘스쳔맨'(SBS)으로 더빙되기도 했습니다. 물음표 표시가 곳곳에 박힌 초록색 타이즈를 입은 수수께끼맨은 배우 특유의 과장된 코믹 연기로 여러 사람의 기억에 남는 매우 유쾌한 악당입니다. 브루스 웨인의 웨인테크사에서 일하는 천재 연구원 '에드워드 니그마'는 브루스 웨인에게 연구비를 따지 못해 악당이 되고 맙니다. 여기서는 물음표를 만드는 광선, 뇌파를 이용하는 독심술 장치 등 여러 가지 도구로 사람들을 괴롭히는데, 결국 리들러는 기계의 과부하로 인해 정신 이상이 생겨 자멸하고 맙니다.

리들러는 영어로 수수께끼를 뜻하는 'Riddle'에서 따온 이름이고, 본명도 그리스어로 수수께끼를 뜻하는 에니그마(Enigma)에서 에드워드 니그마(E. Nygma)가 사용되는, 그야말로 수수께끼 그 자체의 인물입니다. 리들러는 범죄를 저지른 뒤 힌트를 남겨 배트맨이 그를 추적하도록 합니다. 이 과정에서 지적 우월감을 뽐내는 유쾌하고 나르시시즘(narcissism)적인 모습이 드러나기도 하지만, 늘 유쾌한 모습만을 가진 것이 아니라 진지하게 몰두하는 성격 또한 가진 인물입니다. 단순히 퍼즐과 수수께끼만을 좋아할 뿐 아니라 전문 지식이 있는 과학자로 표현되기도 할 만큼 자기 일에 진정성이 있는 모습이 드러나기도 합니다. 영어 운율에 맞춘 수수께끼를 만드는 바람에 번역가들이 애를 먹기도 했습니다.

이러한 리들러의 역할은 분명합니다. 진지한 리들러나 우스꽝스러운 리들러 모두 배트맨에게 퀴즈를 제시하고, 탐정 배트맨이 가야 할 길에 대한 힌트를 던집니다. 거기에 배트맨은 응답합니다. 세상 속에 숨겨진 힌트들을 풀어 가며 자신의 사명을 감당하는 탐정이 됩니다. 배트맨은 고담시의 어둠과 싸우기 위해 생각하고 연구하며 최선을 다했습니다.

세상 속에서 살아가는 그리스도인

배트맨으로 살아가는 그리스도인들도 이와 비슷한 면을 가지고 있습니다. 세상 곳곳에는 그리스도인이 가야 할 곳이 많습니다. 그런데 세상의 필요는 선명한 배트시그널이 아니라, 리들러의 퀴즈처럼 꼭꼭 숨어 있을 때가 더 많습니다. 그렇기 때문에 기독교인은 세상을 알아야 합니다. 숨어 있는 사인(sign)을 찾아내고 귀를 기울이면서 예민하게 살피고 반응해야 합니다.

일단 교회의 역할이 큽니다. 세상의 소리에 교회가 귀를 기울이고 그 필요를 채워야 합니다. 한 가지 예를 들자면, 물질의 문제입니다. 2020년부터 지난 2년 동안 코로나19 등으로 인해 경제가 흔들리자, 부동산 시장이 불안정해졌습니다. 치솟아 버린 주택 가격은 청년들에게 상대적 박탈감을 경험하게 해주었고, 정치계는 계속해서 부동산 문제를 가지고 이야기합니다. 또한, 청년들은 안정적인 투자보다 가상 화폐, 주식, 펀드 등 과감한 투자를 하기 시작했습니다. 고등학생 시절, 당시 중고등부 담당 전도사님이 "그리스도인은 주식을 하면 안 되고, 일을 해서 돈을 벌어야 한다."라고 말씀하셨던 것이 기억이 나는데, 저는 이 간단한 가르침이 가상 화폐의 시대에도 온전히 적용될 수 있을지 모르겠습니다. 또한, 증시가 폭락하고 금리가 폭등하는 등 안 좋은 징조가 나타나기도 합니다. '영끌'(영혼까지 끌어모으기) 했던 젊은이들이 절망하기 시작했습니다. 그렇다면 그들을 진정 위로하고 함께 기도해 줄 수 있는 '친구'가 필요하지 않을까요?

요즘 많은 젊은 목회자들은 이런 것에 관심을 많이 가지고 있습니다. 하지만 아직도 사택에 의존하여 주거 문제를 해결해야 하는 목회자들 대부분은 이러한 현실을 알기 어렵습니다. 청년들의 고통과 청년 사역자의 어려움이 다를 수 있습니다. 그러나 교회는 청년들의 물질적 고통에 관심을 가져야 합니다. 그리고 이러한 문제에 있어서 진정한 위로와 공감을 표하면서, 동시에 바른 가치관과 올바른 사용에 대해 가르쳐 줄 수 있어야 합니다. 젊은 그리스도인들의 삶도 마찬가지입니다. 교회와 세상을 분리하지 말고, 함께 고민하며 이 땅에 하나님 나라를 세우는 일을 감당해야 합니다. 이 세상에서 살아가고 있는 이상 하늘의 신령한 것만 사모하며 살 수는 없기 때문입니다. 하늘의 신령한 것으로 이 땅에서 열심을 내며 살아야 합니다. 세상 것을 사랑하자는 말이 아니라, 세상을 바로 알아야 한다는 말입니다.

가끔 교회에만 머물러 있는 사람들을 보면 안타까울 때가 있습니다. 첫째 아들의 친구 중에 가정에서 신앙 교육을 철저하게(?) 받는 아이가 있습니다. 문제는 어린이집에서도 그렇다는 것인데, 어린이집에서 진행하는 할로윈 축제에 반대하고, 귀신이나 괴물이 나오는 만화를 못 보게 막습니다(물론 여기까진 이해할 수 있습니다). 그 아이는 예수님을 믿는 친구들과만 잘 지내야 합니다. (마치 친구가 어떤 아파트에 사는지 조사하는 것처럼 말입니다.) 다행히 목사 아들인 우리 집 아이는 교회를 열심히 다니는 편이라 친구가 잘 놀아 주는 것 같습니다. 어느 날 아들이 이 아이랑 괴물이 나오는 만화의 색칠 놀이를 같이 했다고 자랑했습니다. 그리고 그 아이는 엄마 몰래 하는 거라고 귀띔을 해주었다고 합니다. 목사 아들이 자신의 아이를 괴물 만화의 세계로 인도했다는 사실을 알게 되면 이 엄마는 얼마나 속상할까요? (물론 저도 무조건 방임하지 않고, 나름대로 함께 즐기면서 지도하고 있습니다.) 저는 제 아들이 '독실한 기독교인'이 되기보다는 먼저 친구들과 함께 어울려 놀 수 있는 친구가 되었으면 좋겠습니다. 아들은 하늘이 아닌 세상 속에서 살아가야 하니까 말입니다.

가야 할 곳을 찾는 방법

문제는 우리가 세상 속에서 살아가지만, 그 안에서 기독교인으로 살아가는 것이 어렵다는 데 있습니다. 순수한 어린이의 세계를 예로 들었지만, 살아갈수록 분별해 내는 것은 어렵고, 중독의 위험은 늘 우리 곁에 도사리고 있습니다. 아무 생각 없이 빠져들다 보면 헤어나올 수 없는 지경에 이르고 맙니다. 게임 중독, 도박 중독, 알코올 중독…. 중독은 먼 이야기가 아닙니다. 주변에서 그 어려움에 빠진 지인들을 쉽게 찾아볼 수 있습니다. 이렇게 세상은 어렵습니다. 도움이 필요한데도, 배트시그널을 보이듯이 우리에게 도와달라고 하지도 않습니다. 대놓고 필요를 말하지 않습니다. 세상이 말을 안 해준다면 하나님이라도 말씀해 주시면 참 좋을 텐데, 하나님께서도 우리가 가야 할 길을 명확하게 보여 주시지 않습니다.

가끔 하나님께서 힌트를 주시기는 합니다. 사도행전 10장에서 고넬료와 베드로의 환상이 나오는데, 율법에 따르면 베드로는 이방인 백부장 고넬료의 초대에 응할 수 없었습니다. 그러나 하나님께서는 고넬료의 하인이 도착하기 전에 환상을 보이십니다. 베드로가 환상으로 하늘이 열리고 각종 짐승이 담긴 그릇이 내려오는 것을 보는데, 하늘에서 이것을 잡아먹으라고 명하십니다. 베드로가 자신은 이런 부정한 것을 먹어 본 일이 없다고 하자, 하나님께서는 깨끗하게 하신 것을 속되다 하지 말라고 하십니다(행 10:10-16). 이 환상을 통해 베드로는 고넬료의 초대에 응하게 되고, 공식적으로는 최초로 이방인에게 복음을 전하게 됩니다.

하나님께서 이처럼 환상을 통해 우리에게 말씀하시면 참 좋을 텐데, 환상을 통한 역사가 쉬이 일어나지 않습니다. 수수께끼

를 우리 스스로 풀어야 할 때가 많습니다. 페르시아에 포로로 잡혀 갔던 느헤미야는 고향의 작은 소식을 통해 자신의 소명을 찾았습니다(느헤미야 1장). 그는 자신의 고향 예루살렘의 형편이 아주 좋지 않고, 남은 사람들이 고통을 받고 있다는 소식을 듣습니다. "사로잡혀 오지 않고 그 지방에 남은 사람들은, 거기에서 고생이 아주 심합니다. 업신여김을 받습니다. 예루살렘 성벽은 허물어지고, 성문들은 다 불에 탔습니다."(느 1:3, 새번역) 그러자 느헤미야는 주저앉아 눈물을 흘리고 슬퍼하며 자신이 해야 할 일을 찾게 됩니다. "이 말을 듣고서, 나는 주저앉아서 울었다. 나는 슬픔에 잠긴 채로 며칠 동안 금식하면서, 하늘의 하나님께 기도하여 아뢰었다."(느 1:4, 새번역) 그는 고향 땅, 예루살렘을 재건하고자 페르시아 왕에게 인정받는 위치에 올라 왕의 자비를 입어 예루살렘을 다시 세우러 갑니다. 느헤미야는 고국의 소식을 듣고 눈물을 흘리고 자신의 소명을 찾아 예루살렘으로 돌아가는 위대한 영웅이었습니다.

느헤미야는 고향 예루살렘의 소식에 눈물을 흘리고, 그곳을 재건하기 위해 왕에게 자비를 입을 수 있는 위치까지 올라섰습니다. 그 일에는 기도와 엄청난 노력이 있었을 것입니다. 그런데 여기서 주목할 만한 점은 바로, 그가 자신의 형제 하나니가 하는 말에 민감하게 반응했다는 것입니다. 하나니가 전해 주는 예루살렘의 비참한 소식에 느헤미야는 주저앉아 울고, 하나님 앞에 금식하고, 기도하였습니다. 기도 안에는 회개와 간구, 그리고 본인이 해야 할 일이 분명히 있었습니다.

하나님께서는 인간에게 자유의지를 주셨습니다. 하나님께서는 인간 스스로 자신이 해야 할 일을 찾고 그 길을 걸어가도록 하셨습니다. 인간 한 사람 한 사람에게 가야 할 길을 명령해 주셨다면 편했을 텐데, 그렇지 않으시죠. 자유의지에 대한 좋은 설명들이 많지만, 저는 인간을 로봇으로 만들지 않고 스스로 선택하고 살아갈 수 있도록 해주신 것이 선물이라고 여기고, 설명할 일이 있다면 이렇게 설명합니다. "자유라는 선물을 주셨기에 하루하루를 소중하게 살고, 그만큼 책임감을 가지고 살아야 한다."라고 말입니다. 우리는 하나님께서 주신 자유의지를 가지고 자신이 할 일을 찾아야 합니다. 고향의 안타까운 소식을 들은 사람이 느헤미야뿐만은 아니었을 것입니다. 그러나 위대한 결정을 하고 기도하며 왕에게 인정받는 위치인 술 관원의 자리까지 오른 이는 느헤미야였습니다.

하나님께서는 우리에게 가야 할 명확한 길을 보여 주지 않으신 대신, 우리에게 자유를 주셨습니다. 그 자유를 가지고 찾아야 합니다. 베드로에게 주셨던 환상이 힌트가 될 것이고, 느헤미야의 눈물이 선택의 열쇠가 될 것입니다.

눈물이 닿는 곳

배트맨으로 살아가는 기독교인들이 가야 할 곳은 많이 있습니다. 세상이 발전해도 사랑의 손길이 닿지 못하는 곳에 우리가

가야 합니다. 소외된 이웃들이 아직도 많습니다. 여러 가지 분야 가운데서 더 마음이 가는 곳, 그리고 잘할 수 있는 일을 찾아야 합니다. 그것을 찾는 방법이야 많겠지만, 저는 자신의 눈물이 닿는 곳이 자신이 가야 할 곳이라고 생각합니다. 영화 속 배트맨은 울지 않았습니다. 배트맨 영화 속 기억에 남는 눈물은 〈배트맨 2 – 배트맨 리턴즈〉에서 캣우먼의 눈물인데, (마블 영화에서는 와스프의 어머니 역할을 맡았던) 캣우먼을 연기했던 미셸 파이퍼의 눈물 연기가 매우 인상적이었습니다. 마스카라가 지워지면서까지 눈물을 흘리는 캣우먼은 배트맨에게 자신은 해피 엔딩이 어울리지 않는다며 배트맨에게 작별을 고합니다. 이후 그녀는 악당 맥스 슈렉을 전기 충격기로 처리하며 자신을 희생합니다. (원래의 설정은 맥스 슈렉과 함께 죽는 것이었지만, 영화 제작사의 요청으로 죽지 않습니다.) 이렇게 주변 인물들이 눈물을 흘리는 경우는 있어도 배트맨의 눈물은 볼 수가 없습니다. (이후 캣우먼이 사라지고 슬퍼하는 모습은 볼 수 있지만, 눈물을 흘리지는 않습니다.) 그는 그저 묵묵히 범죄 현장의 힌트를 따라 악당을 좇을 뿐입니다.

그리스도인은 종종 눈물을 흘립니다. 고향 예루살렘의 비참한 소식을 들은 느헤미야가 눈물을 흘렸듯이 예수님께서도 종종 눈물을 보이셨습니다. 성경에는 세 번 예수님의 눈물이 기록되어 있는데, 먼저는 나사로의 무덤 앞에서(요 11:33-35), 또 예루살렘으로 입성하시면서 예루살렘의 멸망을 내다보고 자신의 조국을 향해 애통해하시며(눅 19:41-44), 그리고 마지막 겟세마네 동산에서 자신의 연약함을 두고 마음이 심히 고민하여 죽게 되었다고 고백하시면서 눈물을 흘리셨습니다(마 26:37-38). 복음서에서는 눈물이라고 언급하지 않았지만, 히브리서에서는 당시 상황을 "심한 통곡과 눈물로 간구와 소원을 올렸"(히 5:7)다고 기록했습니다. 예수께서는 자신의 연약함, 이웃과 나라에 대한 사랑으로 눈물을 흘리셨습니다.

당신은 무엇을 바라볼 때 눈물을 흘리십니까? "애통하는 자는 복이 있나니 그들이 위로를 받을 것임이요"(마 5:4)라고 말씀하셨습니다. 슬퍼할 수 있는 것이 복이며 그곳에 하나님의 위로가 있습니다. 그리고 그곳에 당신이 함께할 때, 하나님께서도 함께하십니다.

남자는 살면서 세 번만 울어야 한다는 옛 어른들의 말씀과 달리, 눈물은 때때로 필요합니다. 내 마음이 어디에 있는지를 보여 주는 나침반이 되기 때문입니다. 소외된 이웃이 많고 우리가 해야 할 일이 많습니다. 그러나 모든 것을 억지로 할 수는 없기에 우리의 마음이 가는 곳, 감동이 있는 곳에 가서 헌신할 수 있어야 합니다. 그럴 때 바로 눈물이 중요한 힌트가 되어 준다고 믿습니다.

우리가 찾아가야 할 곳이 너무 많습니다. 사회에서 소외되는 이웃들, 도움이 필요한 이웃들이 많습니다. 도움이 필요한 대상에 관하여 단순하게 생각해 봅시다. 사회복지 실천에서는 대상에 따라 아동, 청소년, 노인, 여성, 장애인 등으로 분류합니다. 사회의 도움이 필요한 이들이라고 생각할 수 있습니다. 그런데 우리는 이 모든 것 전면에 나서서 헌신할 수는 없습니다. 사회복지 전문가들이 열심을 내어 이들의 필요를 채우고 있습니다. 나라의 살림과 질서는 정치인, 법조인들을 비롯한 국가 기관에서 담당할 일입니다. 법은 기득권의 권력을 강화하는 수단이 되어서는 안 되며, 시민들의 안전한 울타리가 되어 주는 역할을 감당해야 합니다. 따라서 권력이 균형을 이루고 있는지, 삼권 분립이 제대로 작동하고 있는지 언론과 시민단체의 감시도 중요합니다. 누구나 사회복지사가 될 수 없고, 정치인이 될 수 없습니다. (다만, 투표는 중요합니다!) 하지만 사회 구조적 문제에 관한 현실 정치, 사회복지가 해결하지 못하는 작은 한 사람, 한 사람의 삶의 문제에 관심을 가져야 합니다. 자신이 살아가는 자리에서 사회의 사각지대를 발견하고, 그곳을 보면서 애통함과 눈물이 있다면 그곳에서 섬김의 역할을 감당해야 합니다.

전문가로서 감당할 수 없더라도, 이미 그 일을 하고 있는 사람에게 힘을 주고 함께 연대하는 것만으로도 충분합니다. 세상에는 좋은 일을 하는 비정부 구호, 시민 단체, 봉사 기구가 많습니다. 차별받는 이들, 기후 위기와 생태계 문제 등, 나보다 먼저 이러한 문제들에 관심을 가지고 해결을 위해 애쓰는 이들이 있습니다. 마음이 가는 단체가 있다면 따뜻한 마음으로 함께하는 것을 권합니다. (기부처를 정할 때 가끔은 냉정한 마음이 필요하기도 합니다.) 어떤 한 교회는 전교인에게 한 단체나 기관에 정기 후원하기 캠페인을 하기도 합니다. 부활절 특별 헌금을 사회로 다 흘려보내는 교회도 있습니다. 이러한 교회와 그리스도인들이 많아지면 좋겠습니다.

내 눈물이 닿는 곳

아직도 어디로 가야 할지, 무엇을 해야 할지 결정하기 어려운 이들을 위해 저의 경우를 이야기해 보려 합니다. 저는 한반도의 평화와 통일에 관해 관심이 있습니다. 한국 사회가 극단적으로 갈라지고 갈등이 쉽게 일어나는 것을 보면서 안타까움을 느낍니다. 심지어 갈라치기 좀 그만하라며 서로를 가르지 말라고 편을 가르기도 합니다. 저는 이렇게 된 원인을 분단의 현실에서 찾게 되었습니다. 트라우마는 유전이 된다고 하는데요. 한반도 안에 전쟁의 상처가 남아

우리 민족 안에 곪아 버린 것은 아닐까, 남남 갈등이 계속 일어나는 것도 남북 갈등이 해결되지 않은 불안감 속에서 오는 것은 아닐까 싶은 생각이 들었습니다. 분명히 한반도는 섬이 아님에도 불구하고, 우리는 섬에 살고 있습니다. 섬에서 우리의 생활과 생각은 제한적일 수밖에 없습니다. 운동화 속에 돌멩이 하나가 들어와 우리의 발걸음을 괴롭히고, 올바른 걸음걸이를 걷지 못하도록 괴롭히고 있는 것과 같습니다. 더구나 진짜 문제는, 이러한 상황이 점점 무뎌져 문제를 인식하지 못하고 있다는 것입니다. 발이 불편함을 못 느낄 수는 있지만, 이미 망가져 버린 몸의 균형은 건강을 해칠 수도 있습니다. 게다가 평화와 통일의 문제가 젊은이들의 관심사에서 멀어짐을 보며, 저는 여기에서 소명을 찾고 기도하면서 제가 할 수 있는 일들을 준비하고 있습니다.

저의 평화와 통일에 관한 관심이 너무 거창했다면, 조금 소소한 이야기를 해보겠습니다. 가까운 일부터 먼저 할 수 있어야 하니까요. 저는 외할머니와 외할아버지를 만난 적이 없습니다. 제가 태어나기 전 이미 돌아가셨기 때문입니다. 그동안 이 사실은 제게 특별한 것이 아니라 당연한 일이었습니다. 그런데 어느 날 군에서 전역하고 성묘를 하러 갔는데, 외조부모의 산소에는 한 번도 가보지 않았다는 사실을 깨달았습니다. 한 번도 그분들이 어디에 묻히셨는지 궁금해한 적도 없을뿐더러 이러한 사실에 대해 인지한 적도 없었습니다. 이런 제 자신을 보고 화들짝 놀라 어머니를 모시고 산소를 찾아갔습니다. (심지어 친가보다 더 가까이에 계셨습니다.) 너무 속상했습니다. 그렇게 도착한 넓은 공원묘지가 참 낯설고 생경했습니다. 문제는 어머니께서도 그곳이 낯설었다는 것입니다. 저는 그날 어머니의 눈물을 보았고, 지금까지 잊을 수가 없는 날이 되었습니다. 자신의 아버지 산소를 찾지 못해 남동생에게 전화하여 물어물어 찾아가 도착한 뒤 어머니는 눈물을 흘리셨습니다. 저는 죄송한 마음과 '이제라도 다행이다'라는 감사의 마음으로 어머니의 옆을 지켰습니다. 우리는 오랫동안 아무 말도 하지 않고 그냥 그렇게 있었습니다. 그 눈물의 의미는 무엇이었을까요? 왜 저는 그동안 어머니를 제 입장에서만 생각했을까요? 그동안 저는 탐정처럼 어머니의 마음을 헤아려 본 적이 없었습니다. 작은 힌트들이 분명히 있었을 텐데 말이죠. 그때라도 알아서 감사하다 싶으면서도 마냥 감사할 수는 없었습니다. 그날의 일은 일상에서 크게 벗어나지 않은 작은 일이었지만, 지금도 잊을 수 없는 사건입니다.

그날의 일은 우리 엄마의 삶, 우리 어머니들의 삶을 돌아보는 기회가 되었습니다. 저는 그때부터 어머니의 이름을 되찾아 주기 시작했습니다. 저의 어머니이기 이전부터 한 가정의 예쁜 막내딸이고, 교회 사모님이면서, '효자'라는 예쁜 이름을 가진 사람. 그날 이후 어머니는 저와 함께 시작한 탁구장에서 본인의 이름을 찾으셨습니다. 함께 운동하는 사람들은 우리 어머니를 누구 엄마, 누구 할머니, 어느 교회 사모님이 아니라 예쁜 이름으로 불러 주었습니다. "효자 씨". (저는 두세 달 만에 그만뒀지만, 어머니는 10년째 탁구를 치러 다니십니다. 저는 어머니에게 건강도 선물했습니다.) 그리고 제 아들은 할머니를 부를 때 두 분의 이름을 넣어서 부릅니다. 할머니, 외할머니가 아니라 "이효자 할머니", "문희순 할머니"라고 말입니다. 가끔 저보고도 "구선우 아빠"라고 부르는 후유증이 있기는 하지만, 이렇게라도 어머니의 이름이 살아 있어서 다행입니다. 이렇게 그날 흘렸던 눈물이 행복이 되었습니다.

눈물을 흘리며 씨를 뿌리는 자는 기쁨으로 거두리로다 _시 126:5

수수께끼와 같은 세상

우리가 살아가는 세상은 수수께끼와 같습니다. 도움이 필요한 곳이 쉽게 눈에 띄지 않을 때가 많습니다. 차라리 리들러 같은 악당이 있어서 우리에게 힌트를 주면 좋을 텐데, 그마저도 찾기 힘듭니다. 하나님께서 우리에게 직접 지시하시면 좋을 텐데, 세밀한 음성을 듣기도 쉽지 않습니다(제 경험상). 대신 '자유'를 주셨고, '책임'을 주셨습니다. 따라서 우리를 빛으로 부르신 하나님의 명령에 따라 우리는 이 세상 가운데 우리가 해야 할 일을 찾아야 합니다.

배트맨이 사적 복수로 시작해 공적 책임감으로 자신의 사명을 다하는 것처럼, 자신밖에 모르던 신앙인이 성숙해 가면서 이웃과 사회를 돌아보는 넓은 마음을 갖게 됩니다. 교회를 보는 세상의 눈이 겉으로는 따가워 보일지라도, 세상에는 아직도 우리를 필요로 하는 곳이 있습니다. 배트시그널같이 선명하게 부르지 않더라도, 리들러의 수수께끼를 풀 듯이 숨어 있는 세상의 어두운 곳을 찾아낼 수 있어야 하지 않을까요? 내 마음이 닿는 곳부터, 차근차근 작은 발걸음을 내디뎌 보기를 바랍니다.

PURITAN
PSALM
ESV
NELSON
배트맨으로 살아가기
NIV

Batman's MOTTO

"기도하자, 생각하자, 행동하자!"

젖을 먹고 사는 이는 아직 어린아이이므로, 올바른 가르침에 익숙하지 못합니다. 그러나 단단한 음식물은 장성한 사람들의 것입니다. 그들은 경험으로 선과 악을 분별하는 세련된 지각을 가지고 있는 사람들입니다. _ 히 5:13 - 14, 새번역

4부

은사

나의 슈퍼파워는 무엇일까?

배트맨과 닮은 그리스도인으로 어떻게 살아야 할까?

HOW?

이제 마지막이다.
지금까지 우리가 누구인지,
무엇을 해야 하는지에
관해 이야기했다.
마지막 제4부에서는
배트맨으로 살아가는
그리스도인이 어떻게
살아야 하는지에 관해
다룰 것이다.
우리는 과연 무슨 힘을
가지고서 살아가야
하는가? 그리고 우리는
그 힘으로 무엇을 해야
하는가?

스스로 노력이 필요해요

초능력은 없지만

영화 〈배트맨 비긴즈〉는 어린 브루스 웨인이 우물에 빠져 박쥐 떼에 놀라 비명을 지르는 장면으로 시작합니다. 그 이후 부모를 잃고 세상을 등지고 떠납니다. 그는 범죄자를 응징하기 위해 범죄자들의 세상으로 들어가고, 일부로 감옥에 들어가 그들을 손봐 주면서 고담시에 돌아가 복수할 일을 꿈꿉니다. 정신적으로 분노를 제어하지 못하던 브루스 웨인은 '리그 오브 쉐도우'(그림자 동맹)의 '헨리 듀커드'라는 스승을 만나 육체적인 싸움과 정신적인 훈련을 받습니다. 그리고 고담으로 돌아와 배트맨의 일을 시작합니다.

다크 나이트 시리즈의 마지막 영화 〈다크 나이트 라이즈〉

〈배트맨 비긴즈〉에서 헨리 듀커드에게 훈련받는 브루스 웨인

에서도 허리뼈가 부러지고, 우물 모양의 깊은 감옥에 갇혔던 브루스 웨인은 다시 한번 육체적·정신적 성장을 경험합니다. 그는 자신의 생명을 지켜 주는 밧줄을 의지하지 않고, 죽기 살기의 각오로 벽을 기어올라 끝내 감옥을 탈출합니다. 떨어지면 죽을 수도 있는 상황에서 과감히 그는 시련을 이겨 내어 한 단계 더 성장하게 된 것입니다. 박쥐 떼가 웨인의 위로 날아드는 장면은 그가 어렸을 때부터 갖게 된 공포마저 이겨 낼 수 있다는 것을 상징합니다.

배트맨에게는 슈퍼파워가 없습니다. 그는 철저한 훈련을 통해 자신을 단련시켜 성장한 영웅일 뿐입니다. 시련을 통해 자기 자신을 훈련하여 강인한 영웅이 되었습니다. 육체적 힘을 기르는 것과 더불어, 정신적인 성장이 영화 속에서 잘 나타나긴 하지만, 브루스 웨인은 평범한 인간일 뿐입니다. 느헤미야 이야기를 조금 더 해보고 싶습니다. 앞 장에서 느헤미야가 고향 땅 예루살렘의 소식을 듣고 금식하며 눈물로 기도했다는 것을 보았는데요. 자세히 소개하지 않았던 그 기도의 마지막은 이렇게 끝이 납니다.

> 주님, 종의 간구를 들어주십시오. 주님의 이름을 진심으로 두려워하는 주님의 종들의 간구에 귀를 기울여 주십시오. 이제 주님의 종이 하는 모든 일을 형통하게 하여 주시고 왕에게 자비를 입게 하여 주십시오. _느 1:11a, 새번역

느헤미야는 주의 백성을 구원하기 위해 자신의 힘이 필요하다는 사실을 깨달았습니다. 자신에게 힘을 주사 모든 일이 잘 풀리며 왕에게 자비를 입을 수 있는 위치가 될 수 있도록 기도했습니다. 그리고 그는 왕의 술을 맡은 관원, 왕에게 술잔을 받들어 올리는 일을 하는 사람이 되었습니다(느 1:11b). 그 자리가 얼마나 중요한 자리인지 주석에 따라 해석이 조금 다르지만, 왕의 음식을 책임지는 자리는 결코 낮은 자리는 아니었습니다. 그는 예루살렘으로 돌아가는 길에 장교와 기병들을 수행원으로 부릴 수 있었습니다. 느헤미야는 자기 민족의 아픔을 치유하기 위한 힘이 필요했고, 그 힘을 위해

기도하고 노력했습니다. 바로 자기 민족의 아픔을 바라보고, 긍휼한 마음에서 비롯한 힘을 구하였기에 기도에 응답을 받고 충분한 위치에 오르게 된 것입니다. 그리고 그 힘으로 예루살렘으로 돌아와 자신의 사명을 감당했습니다.

브루스 웨인에게도 느헤미야에게도 초능력은 없었습니다. 브루스 웨인은 혹독한 훈련을 통해 육체적·정신적 성장을 이루어 내어 배트맨이 될 수 있었고, 느헤미야는 고국의 동족을 사랑하는 마음으로 그들을 구하기 위해 기도하며, 페르시아 왕의 은혜를 입어 예루살렘 재건을 위해 고향을 구하러 갈 수 있었습니다. 이런 의미에서 느헤미야의 기도는 정말 감동적입니다. 그의 기도는 물이 갈

라지고 불을 내려 달라는 기도가 아니라 현실적으로 자신이 그 일을 해낼 수 있도록 도와달라는 것이었습니다. 오늘을 살아가는 우리 그리스도인들 또한 초능력이 없습니다. 우리는 순간 이동의 능력과 무지막지하게 강한 주먹을 달라고 간구하지 않습니다. 느헤미야의 기도는 오늘을 살아가는 그리스도인들에게 멋진 기도의 모범이 됩니다.

성령님의 역사

청소년 사역을 할 때, 수련회에 모든 에너지를 집중하고 힘을 쏟아부었습니다. 제가 만나는 청소년들이 수련회를 통해 하나님을 만나고 변화되기를 간절히 바랐습니다. 한 달 그 이상, 프로그램을 계획하고 찬양팀을 준비시키고, 강사님과 소통하며 수련회를 준비했습니다. 은혜를 받을 수 있는 환경을 조성하고, 무엇보다 기도로 준비했습니다. 그러면 수련회 첫째 날, 둘째 날 저녁 뜨거운 집회를 통해서 성령님의 역사가 이루어졌습니다. 기쁨의 찬양, 눈물의 회개가 있었고, 관계의 회복이 일어났습니다. 하나님의 역사하심, 하나님의 살아 계심을 그 시간 처음 경험하는 학생들을 보면 목회자인 저도 정말 큰 은혜를 받았습니다. 물론 성령 하나님은 지금도 살아 역사하십니다. 그런데 수련회 가운데 그것이 더 잘 느껴질 때가 많습니다.

그런데 문제는, 수련회가 끝나면 그 감동이 사라진다는 것입니다. 그때 받은 은혜로 세상에 돌아가, 학교에 돌아가 최선을 다해 살아야 하는데 수련회 때 받은 은혜는 한 장의 추억이 되어 버리고 맙니다. 많은 후속 프로그램들을 준비하고, 기도회를 하지만 예전만큼의 감동이 돌아오지는 않습니다. 수련회 때 은혜를 받은 친구들이 다음 수련회만을 기대하는 모습을 보며, 인간적으로 적잖이 실망한 적도 있습니다. '왜 성령님의 역사는 유효 기간이 있는 것일까?' 결국 제가 부족한 것이리라 생각하지만, 이 이야기에 공감하는 사람들이 제법 많을 것입니다.

성령님은 우리가 학교에 있는 동안 무엇을 하실까요? 회사에서는 무슨 일을 하실까요? 제 믿음과 신앙, 그리고 무엇보다 신학적 훈련이 부족해서 이 질문에는 감히 쉽게 답할 수가 없습니다만, 더 기도하고 공부하여 '영적으로 성장하는 길' 외에 다른 도리가 있을까 싶습니다. 그러나 분명히 저는 믿습니다. 성령님은 우리를 고아와 같이 내버려 두지 않으시고 다시 일어설 수 있도록 붙들어 주십니다. 이미 잘하고 있는 사람에게는 티가 잘 안 나는 것 같습니다. 그러나 예민하게 성령님의 살아 계심을 느끼기 위해서는 신앙생활이 '생활 신앙'이 될 수 있도록 더욱 성장해 나가야 합니다. 교회 안에 머무른 신앙생활이 아닌 어디에서나 이어지는 '생활 신앙'이 되도록 말입니다. 생활 속 신앙이 바로 성령님과 동행하는 삶 그 자체이기 때문입니다.

배트맨 찐팬 되기

배트맨의 무기

배트맨은 인간의 한계를 뛰어넘는 슈퍼파워를 가지고 있지는 않지만, 좋은 아이템과 무기들을 가지고 있다.
우선 '배트 슈트'는 배트맨이 입는 옷으로서 초창기부터 비슷한 디자인으로 등장한다. 가슴에 박쥐 모양, 검은 망토가 대표적인 상징이다. 그리고 그 위에 '배트 마스크'를 쓴다.
영화 〈더 배트맨〉(2022)에서는 자신의 정체를 드러내지 않도록 마스크를 쓰기 전 눈 주위에 짙은 화장을 하는 브루스 웨인을 볼 수 있다. 방역 마스크를 쓴 사람의 눈만 보고 누구인지 잘 알아보기 힘든 것처럼, 배트맨의 정체를 드러내지 않는 영화적 허용이다.

대표적인 무기로는 박쥐 모양의 부메랑 표창 '배트랑'(Batarang)이 있고, 총을 쏘듯이 갈고리가 달린 와이어를 쏴 공중으로 이동할 때 사용하는 '배트 클로'(Bat Claw)가 있으며, 그 밖의 다양한 도구를 벨트에 차고 다닌다.

슈퍼맨처럼 빠르게 날아다닐 수 없는 배트맨은 자동차와 비행기 등 다양한 교통수단을 이용한다. '배트 모빌', '배트 윙', '배트 마린' 등으로 불리며, 배트맨 영화에서 배트맨의 탈 것들을 보면 시각적인 즐거움이 있다.
다크 나이트의 배트 모빌은 텀블러(The Tumbler)라는 별칭이 있다.

저는 성령 하나님께서 오늘도 살아 계셔서 제 삶 가운데 동행하시고 제게 힘 주시는 분이시라는 것을 믿습니다. 그러나 그것이 내가 노력하지 않아도 된다는 것을 의미하지는 않습니다. 배트맨이 노력했던 것처럼 우리도 끊임없이 노력해야 합니다. 성경에는 기록되어 있지 않지만 느헤미야도 왕의 은혜를 입을 수 있는 자리에 오르기까지 엄청나게 노력하지 않았을까요? 자신이 해야 할 일을 깨닫고 그 일을 위해 다만 기도하는 것으로 끝내는 사람이 있나요? 제 경험에 따르면 자신이 꿈꾸고 기도한 대로 최선을 다해 노력할 때 하나님께서 이루어 주십니다. 기도만 열심히 한다고 해서 성적이 오를 리 없다는 것은 누구나 경험해 본 바일 것입니다. 오늘을 살아가는 그리스도인에게는 초능력이 없습니다. 성령님의 강력한 역사는 오늘도 이루어지지만, 성령님은 초등학생이 생각하는 유치한 마법사가 아니십니다.

노력은 배신하지 않는다?

노력은 배신하지 않는다고 합니다. 그런데 이 말을 오늘도 믿는 사람이 있을까요? 2019년 인구보건복지협회가 20대 청년 1천 명에게 물었습니다. 현재 사회에 "노력은 배신하지 않는다"라는 격언이 통용되는지를 물었는데, 무려 74%가 "그렇지 않다"라고 대답했습니다.[22] 이 책을 지금까지 함께해 준 독자에게 마지막 부분에 와서 그저 '노력해라'라는 결론은 너무 잔인하다고 생각합니다. 저도 뼈저리게 겪었고 안 되는 건 안 된다는 것을 알고 있습니다. 정말 미안하고 안타깝게 생각합니다. 노력이 부족해서 그렇다는 말은 정말 절망적인 말입니다. 적어도 그 말은 남이 할 수 있는 말은 아닌 것 같습니다. 나 스스로에게 할 수 있는 말입니다.

저는 수영을 못합니다. 노력을 안 했을까요? 그렇게 생각하시면 서운합니다. 5살 때부터 수영장에 갔지만 실패했습니다. 초등학교 때도 도전했지만 실패했습니다. (어머니는 미리 결제한 수영장 회원권으로 남은 기간 저 대신 수영을 배우셨습니다.) 게다가 저는 학교 안에 수영장이 있는 중학교까지 다녔습니다. 그 학교는 전교생이 체육 시간에 1년에 한 번은 수영 실기를 했습니다. 한 학기에 서너 가지의 운동을 했었으니까, 약 한 달 동안은 수영을 배운 셈입니다. 그때마다 저는 수영에 도전했으나 포기하고, 수영복을 입은 채 수영장 물 밖에서 수영하는 친구들을 구경했습니다. 선생님에 따라서 혼나기도 했습니다. 수영 시간이 다가올 때마다 긴장과 초조함이 엄청났습니다. 탈의실에서 수영복을 입을 때마다 너무 속상했습니다. 실기 성적은

22 이정국, "노력은 배신하지 않는다?…20대 청년 74% '그렇지 않다'", 「SBS 뉴스」 2019.12.04. (https://news.sbs.co.kr/news/endPage.do?news_id=N1005550083)

늘 기본 점수밖에 얻지 못했습니다. 기본 점수라도 감사했지만 이 일은 사춘기 소년에게 너무나 가혹한 일이었습니다.

그런데 중학교 졸업 이후 더 큰 문제가 발생했으니…. 중학교와 같은 재단의 고등학교로 진학을 했습니다. 다행히도 고등학교는 1학년 때 한 번만 수영을 했습니다. 이쯤 되면 성공해야 되지 않느냐고 생각할 수 있겠지만, 저는 실패했습니다. 물속에 들어가는 것이 정말 무서웠고, 잠수를 하면 보이지 않는 공포, 숨을 쉬지 못 할 만큼의 공포가 밀려왔습니다. 신혼여행에 가서 저희 부부밖에 없는 호텔 수영장에서 아내와 특별 훈련도 해보았습니다. 사랑하는 아내와 함께라면 무엇을 못 할까 싶었습니다. 물안경을 쓰고서 눈을 뜨고 물속에 들어갔지만, 역시나 잠시였습니다. 결국 실패했습니다. 차라리 저 하늘에 별을 따다 달라고 했으면 따다 주었을지도 모릅니다. 이제 저는 제 노력이 부족했다고 여기지 않습니다. 노력해도 되지 않는 것은 분명히 있습니다.

하지만, 저는 글을 올리는 한 인터넷 사이트에서 이런 글을 보았습니다. "노력은 배신해도, 게으름은 배신하지 않는다."[23] 노력이 우리를 배신할지라도, 게으름은 우리를 결코 배신하지 않습니다. 무슨 말이냐면, 아무것도 안 하면 아무것도 되지 않는다는 것입니다. 노력하는 것 외에는 다른 방법이 없습니다. 아무리 해도 안 될 수

23 Mark의 브런치, https://brunch.co.kr/@jcmarkpark/137

난 결코
포기하지
않을거야
어푸
어푸
adodos
파닥
파닥
허우적
허우적
힘내
선우야...
화이팅!

있지만, 될 수도 있습니다. 그런데 안 하면 아무것도 되지 않습니다. 그냥 우리는 최선을 다할 뿐입니다. 우리에겐 초능력이 없지 않습니까? "게으른 천재도 있잖아요?"라고 반문하고 싶을 수도 있겠습니다. 저 역시 배우지 않아도 수영 잘하는 사람을 보면 정말 부럽습니다. 하지만, 노력하지 않아도 성취하는 흙수저, 금수저에 관한 이야기, 이 억울한 이야기는 다음 장으로 미루겠습니다.

새로운 피조물

배트맨 영화에서는 슈퍼히어로 배트맨의 육체적 성장이 아닌 정신적인 성장에 집중합니다. 〈배트맨 비긴즈〉의 초반부를 조금 더 소개하겠습니다. 범죄자들의 세상에 들어가 그들을 응징하다가 감옥에 갇혀 있는 브루스 웨인에게 라스 알굴의 대리인이라고 자신을 소개하는 헨리 듀커드와 이런 대화를 나눕니다.

> **브루스 웨인:** 라스 알 굴에게 무엇을 배울 수 있는데?
> **헨리 듀커드:** 악을 응징하고 정의를 세우는 올바른 소명 의식, 어둠의 사도의 길.
> **브루스 웨인:** 민간 치안대군(Vigilantes).
> **헨리 듀커드:** 아냐. 그들은 어설픈 영웅심으로 날뛰다 자기 무덤을 파지. 허나 인간의 한계를 뛰어넘어 아무도 넘보지 못할 힘과 사명감을 갖추면 새로운 존재가 될 수 있어.

그리고 헨리 듀커드는 브루스의 스승이 되고, 브루스는 히

말라야산 정상에서 육체적·정신적 훈련을 받게 됩니다. 그곳에서 무술 훈련뿐 아니라, 죽음과 맞서는 두려움을 이겨 내는 정신적인 훈련이 이어집니다. (라스 알 굴의 리그 오브 쉐도우[그림자 동맹]과는 가는 길이 달라 함께하지는 못하지만…) 그렇게 브루스 웨인은 인간의 한계를 뛰어넘는 힘과 사명감을 갖춘 존재인 배트맨이 됩니다.

그리스도인은 아무도 넘보지 못할 사명감을 갖춘 정신적 성장을 영적 성장으로써 이룹니다. 성령님과 동행하는 삶을 살아가는 것, 생활 신앙인으로 살아가는 삶이 바로 영적으로 성숙한 삶입니다. 브루스 웨인의 두려움과 같이 우리가 극복해야 할 많은 문제가 있습니다. 이러한 내면의 문제들을 위해 기도하고 주님 앞에 내려놓으면, 우리가 마땅히 해야 할 일을 해낼 힘이 생깁니다. 민간 치안대의 '어설픈 영웅심'으로 살아서는 안 됩니다. 모든 사람을 대신하여 죽으신 이를 따라 살아가야 합니다(고후 5:15). 그리고 세상을 그리스도 안에서 화해하게 하신 그 화해의 직분을 따라 살아야 합니다. 어설픈 영웅심이 아니라, 온 인류를 구원하신 구원자 예수 그리스도를 따라 사는 것이 우리의 영웅심입니다. 세상을 구원하시기 위한 그 사명을 우리도 이어받았습니다. 그렇게 마침내 그리스도인은 이 위대한 영웅 그리스도 안에서 새로운 피조물이 된 것입니다.

그런즉 누구든지 그리스도 안에 있으면 새로운 피조물이라 이전 것은 지나갔으니 보라 새것이 되었도다 _고후 5:17

초능력은 없지만 우리에게는 위대한 동기가 있습니다. 어설픈 영웅심은 자기 무덤을 파지만, 화해의 직분을 감당하면 평화로운 하나님의 나라가 이 땅 위에 세워집니다. 나 혼자만 먹고살기도 힘든 세상에서 삶의 동기를 살피는 것은 무던히도 어려운 일입니다. 성장에 관해서는 이 책의 8장에서도 이야기했던 부분이지만, 다시 강조하는 것은 그만큼 중요하기 때문입니다.

삶의 동기가 바로 세워지면 그리스도 예수 안에서 무덤이 아닌 생명으로 가는 위대한 영웅이 될 수 있습니다. 거창하고 화려한 영웅이 되자는 것이 아닙니다. (배트맨도 결코 화려한 영웅이 아닙니다!) 올바르게 그리스도인의 삶을 살아가자는 것입니다. 조금만 더 힘을 내봅시다. 노력은 배신할 수도 있지만, 게으름은 배신하지 않습니다. 일어나 걸어 봅시다. 사적인 복수를 위해 살아갔지만, 결국 고담시의 평화를 위해 살게 된 배트맨처럼 더욱 훈련하고 성장하다 보면 그 길 끝에 빛이 보일 것입니다. 세상 속에서 살아가는 그리스도인의 삶도 영화처럼 극적이고 아름다울 때가 반드시 올 것입니다.

나만의 재능 찾기

나는 부자야

"당신의 능력은 무엇입니까?" 누군가 우리에게 이렇게 묻는다면, 어떻게 대답할까요? 자기 PR(Public Relations)의 시대, 자소서(자기소개서)가 '자소설'(자소서+소설)이 된 세상에서 당당하게 내 능력이 무엇인지, 내 강점이 무엇인지 말할 수 있나요? 누구나 이력서에 취미나 특기를 적는 칸이 있으면 무엇을 써야 할지 고민한 적이 있을 거라고 생각합니다. 때론 남들과 다른 나만의 것을 찾아야 한다는 부담감이 어깨를 짓누르기도 합니다. 당신의 능력이 무엇이냐는 위의 질문에, 배트맨은 다음과 같이 대답합니다.

"난 부자야(I'm rich)."

배트맨과 슈퍼맨, 원더우먼, 사이보그, 아쿠아맨 등이 함께 팀을 이루어 세상을 구하는 내용의 영화〈저스티스 리그〉(2017)의 한 장면입니다. 배트맨이 스피드스터 슈퍼히어로인 플래시를 찾아가 세상을 구하는 일에 함께하지 않겠냐고, 한팀이 되어 같이 싸워 달라고 부탁을 하는데, 플래시가 "당신의 능력은 뭐죠?"라고 질문합니다. 배트맨은 자신의 능력이 '재력' 그 자체라고 답했습니다.

영원한 미국 코믹스 시장의 라이벌인 DC와 마블의 경쟁은 최근 영화계로까지 확장되었습니다. 마블의 '어벤져스' 성공에 자극을 받은 배트맨의 DC는 기존의 개별적으로 진행하던 DC의 슈퍼히어로 영화들을 하나의 영화 속 세계관으로 모았습니다. (물론 어벤져스 이전부터 DC도 영웅들의 세계관을 합치는 계획은 있었습니다. 참고로, 마블의 영화 세계관은 '마블 시네마틱 유니버스'[MCU]라고 부릅니다.) 그것이 바로 DC 확장 유니버스(DCEU)인데, 이 확장된 세계관 속에서 어벤져스에 대응할 DC의 슈퍼히어로 팀 '저스티스 리그'를 결성합니다. 본격적으로 '저스티스 리그'가 등장하기 전에 빌드업을 위한 전 단계의 영화가〈배트맨 대 슈퍼맨: 저스티스의 시작〉(2016)이고, 다음 해 이어서 나온 영화가 바로〈저스티스 리그〉(2017)입니다. (감독 교체 등으로 논란이 돼 원작 감독인 잭 스나이더 감독이 다시 편집한〈잭 스나이더의 저스티스 리그(Zack Snyder's Justice League)〉도 공개되었습니다. 하지만 마블의 성공과는 달리 잡음이 끊이지 않았습니다.) 그 외에도 DC 확장 유니버스 속 영화들이 몇 편 더 있지만, 아

배트맨 찐팬 되기

잭 스나이더의 저스티스 리그

영화 〈저스티스 리그〉는 두 가지 버전이 존재한다. 하나는 2017년, 조스 웨던 감독이 연출한 극장판 〈저스티스 리그〉이다. 이 영화는 원래 잭 스나이더 감독에 의해 제작이 진행되고 있었는데, 감독의 개인 사정으로 인해 제작 중 감독이 교체되어 완성된 작품이다. 조스 웨던은 그가 준비한 영화가 아니었다는 한계 속에서, 〈어벤져스〉의 감독답게 배트맨을 비롯한 DC 작품들의 어울리지 않은 옷을 입히게 되었다. 그 결과, 팬들의 불만이 이어졌고, 팬들은 잭 스나이더 감독의 원래 계획에 따른 완성도 높은 영화를 요구하였다. (SNS 상에는 #ReleaseTheSnyderCut라는 해시태그를 달며 스나이더 감독판을 요구하는 운동이 이어졌다.) 결국 2021년 극장 개봉이 아닌, 'HBO맥스'(워너브라더스 사의 스트리밍 서비스)를 통해 공개되었다. 국내에서도 각종 OTT 서비스를 통해 〈잭 스나이더의 저스티스 리그〉라는 이름으로 공개되었다.

새로 공개된 영화는 242분으로 엄청나게 상영 시간이 길다. 1시간씩 총 4부작으로 공개하고자 했던 만큼 중간에 쉬는 시간이 필수이다. 영화의 큰 줄거리는 다르지 않지만, 영화의 화면 비율, 전체적인 색감부터 극장판과는 전혀 다른 영화가 되었다. 둘을 비교하면 영화에서 감독의 역할이 얼마나 중요한지 알 수 있게 된다.

이러한 우여곡절 때문에, 마블의 슈퍼히어로 팀 '어벤져스'에 대항하는 슈퍼히어로 팀 '저스티스 리그'의 영화 속 활약은 보기 힘들어졌다. 그러나 DC 확장 유니버스(DCEU)라는 세계관은 유지되고 있으니, 앞으로를 기대해볼 수 있지 않을까?

직까지 배트맨이 등장한 영화는 이 두 편입니다.

DC 확장 유니버스 속 배우 벤 애플렉이 연기한 배트맨은 기존 배트맨 영화들과 설정이 다른 부분이 많습니다. 일단 그는 배트맨으로 활동한 지 20년 된 베테랑입니다. 그는 지칠 대로 지쳤고, 염세에 빠진 상태로 등장합니다. 처음 시작할 때와 달리 이제 더 이상 사람을 믿지 않는다고 말합니다. 따라서 20년 차 배트맨은 폭력을 서슴지 않고 자행하며, 고문도 합니다. 불살(不殺)의 의지조차 보이지 않습니다. (배트맨은 사람을 죽이지 않는다는 중요한 설정이 있음에도 불구하고 말입니다.) 심지어 악당이 정말 악질이라고 판단할 경우에는 '박쥐 낙인'을 찍어 버립니다. 이 낙인이 찍혀 감옥에 간 죄수는 다른 죄수들에게 맞아 죽게 됩니다. 범죄자를 잡아서 제임스 고든을 대표로 하는 고담시의 경찰에게 인도하며 자신의 사명을 끝냈던 다른 배트맨과는 달리, 그는 판사 그리고 집행인의 역할까지 합니다. 도대체 이 배트맨은 20년 동안 어떤 세상을 살았던 걸까요?

영화 〈배트맨 대 슈퍼맨〉은 이렇게 배트맨이 인간의 한계까지 느끼며 자기 일에 회의에 빠져 있던 차에 시작됩니다. 영화의 초반부, 배트맨은 슈퍼맨을 만나게 됩니다. 배트맨은 악당 조드 장군과 슈퍼맨의 싸움으로 도시가 파괴되는 현장을 목격합니다. 자신보다 빠르고 강력한 슈퍼히어로 '외계인'이 외계의 악당과 함께 싸우는 것이었습니다. '넘사벽'(넘을 수 없는 사차원의 벽)을 본 배트맨은 무슨

생각이 들었을까요? 제가 배트맨이었다면 정말 짜증이 났을 것 같습니다! '외계인들끼리 지구에 와서 싸워 사람들에게 피해를 주다니! 게다가 슈퍼파워를 가진 외계인이라니! 슈퍼맨이 지금은 지구를 위해 싸우지만, 등을 돌려 지구를 공격하면 어떡하지? 내가 막을 수 있을까? 이미 나는 내 돈과 젊음을 고담시를 지키는 일에 다 바쳤는데!' 하고 말이죠. 이후의 배트맨은 우여곡절 끝에 인간에 대한 신뢰와 본인의 사명을 되찾고, 슈퍼히어로들이 한 팀이 되어 함께 싸워야겠다는 뜻을 세우게 됩니다. 그리고 속편 〈저스티스 리그〉에서 다른 영웅들을 끌어모읍니다.

이처럼 배트맨은 회복의 과정이 있었기는 했지만, 기본적으로 까칠하고 불편한 캐릭터입니다. 이런 배경에서 빠른 스피드를 가진 슈퍼히어로 플래시에게 자신의 능력이 '부자'라고 말한 것입니다. 그 말 안에는 초능력이 없음으로 인한 부러움이 담겨 있지 않았을까 하는 생각도 듭니다. 지칠 대로 지쳐 버린 베테랑 배트맨이라면 가능한 이야기입니다.

부럽지가 않어

사실 배트맨의 능력은 재력만 있는 것이 아닙니다. 그는 혹독한 훈련을 통해 인간의 한계를 뛰어넘는 정신력을 바탕으로 육체적 능력도 평범한 인간을 뛰어넘습니다. 그리고 그는 범죄 현장의 사소한 것 하나 놓치지 않는 책략에 강한 탐정입니다. 그럼에도 "나는 부자야."라는 대사가 사람들 기억 속에 남는 이유는 무엇일까요? 그의 재력을 부러워해서가 아닐까요? 플래시처럼 빨리 달리는 것, 슈퍼맨과 원더우먼처럼 엄청난 힘을 갖는 것은 만화 속 세상의 비현실적인 일이니 그다지 부러울 일이 아니지만, 돈이 많다는 것은 현실적으로 너무나 부러운 능력입니다.

당신은 배트맨의 재력이 부러운가요? 지금까지 배트맨의 이야기를 읽으며 감정이입을 잘해 오던 사람도 이번 챕터에서 고개를 갸우뚱하게 되었을 것입니다. 배트맨처럼 살아가는 멋진 그리스도인을 꿈꿨는데 현타(현실 자각 타임)가 왔을지도 모르겠습니다. 마치 20년 차 지칠 대로 지친 베테랑 배트맨이 우월한 초능력 외계인을 만나 느낀 감정과 같이 말입니다. "초능력이 없다고 해서 좋아했는데 생각해 보니, 이 친구는 돈이 많잖아!?"

배트맨을 잠시 변호해 보고 싶습니다. 지금까지 배트맨의 삶을 어느 정도 이해했다면 그 돈이 부럽지만은 않을 것입니다. 그는 부모를 잃고, 정신적으로 고통을 받고 혹독한 시련들을 이겨 냈습니다. 늘 두려움을 가지고 살며, 그 두려움으로 적들과 맞서 싸웁니다. 양면성 속에서 고민하고 고뇌하며, 자신에 대한 혼란으로 늘 은퇴를 염두에 두고 살아갑니다. 그는 이미 세상에서 재력으로는 성공한 인물이었지만 목마름과 갈증이 끊이지 않는 인간이며, 금수저이지만 상처 입은 자입니다. 그에게 재력이란 그가 노력하여 얻은

것이 아닌, 성취감 없이 갖게 된 엄청난 선물일 뿐입니다.

열 명 중에 한두 명은 이러한 배트맨에 대한 변호에 수긍하리라 믿습니다. 아직도 좀 부족한가요? 돈의 절대적인 가치가 그만큼 큽니다. 쉽게 부러워할 수밖에 없죠. 그러나 (어렵겠지만) 너무 부러워하지 않기를 바랍니다. 부러우면 지는 겁니다. 독특한 음색과 현실적인 가사로 유명한 가수 장기하의 〈부럽지가 않어〉라는 노래가 있습니다. 음악을 찾아 들을 수 있는 사람이라면 잠시 노래를 찾아 듣고 이 책을 다시 펴도 좋을 것 같습니다.

> 야, 너네 자랑하고 싶은 거 있으면 얼마든지 해
> 난 괜찮어
> 왜냐면 나는 부럽지가 않어
> 한 개도 부럽지가 않어…

아무리 자랑할 것이 많아도 부럽지가 않습니다. 10만 원 가진 사람이 100만 원 가진 사람을 부러워하지만, 100만 원을 가진 사람은 1,000만 원 가진 자에게 부러움을 느끼게 됩니다. 즉, '나는 부러움이 없으니까 네가 자랑해도 상관이 없다. 대신 자랑을 하는 사람은 부러움을 아는 사람이 하는 것이다. 자랑해 봤자 더 가진 사람에게 부러워하게 된다.' 뭐 이런 내용을 담고 있습니다. 부러움은 자기 자신이 강하지 않은 사람들이 주로 느끼는 것입니다. 다른 말로 하면 시기나 질투라고 하기도 합니다.

마틴 로이드 존스(Martyn Lloyd – Jones) 목사의 후임으로 웨스트민스터 채플을 25년간 섬긴 R. T. 켄달(Robert Tillman Kendall)은, 질투는 자연스러운 감정이 아니며 "우리 안에 내재 되어 있는 근본적인 불안감에서 시작되는데, 이것도 우리가 가진 죄성의 한 부분이며, 가인이 아벨을 죽인 것처럼 원죄의 증거"라고 말합니다.[24] 그는 이것을 해결하기 위해서는 각자의 소명을 받아들여야 한다고 주장합니다. 또한, "우리가 가진 가능성과 한계를 동시에 인정해야 한다."라고 하며 "자신이 잘하는 일을 부끄러워하지 말고 겸손하게 인정"하며, "우리가 어떤 일을 잘못한다는 사실도 받아들여야 한다."라고 주장합니다.[25] 저는 이것을 자신의 소명을 알고 받아들이는 차원을 넘어 '자신을 사랑하는 사람'이 할 수 있는 일이라고 생각합니다. 자신에 대해 잘 알고, 자신을 사랑하면 부러워서 질 수가 없습니다. 그러하기에 영화 〈저스티스 리그〉에서 배트맨이 "내 능력은 돈이야."라고 한 말은 지쳐 버린 배트맨이 초능력자들의 모임에서 "난 돈이라도 많아."라고 자랑하는 것이 아닐 수도 있습니다. 혹시, 초능력자들에게 이렇게 말하는 것이 아니었을까요?

"얘들아, 난 너희가 부럽지가 않어." (영화의 다양한 해석 가능성은 누구에게나 열려 있습니다.)

---

24 R. T. 켄달, 『질투, 아무도 말하지 않는 죄』 (서울: 순전한나드, 2016), 23.
25 앞의 책, 188.

날 사랑하기

이 책을 읽고 있는 당신은 자기 자신을 사랑하고 있나요? 남들과 비교하지 말고, 자기 자신을 돌아보고 답해 봅시다. 우리는 우리 자신이 변화되기를 꿈꾸지만, 십자가의 사랑으로 인해 이미 변화된 모습을 인정하고 감사하는 일에는 인색합니다. 건강한 자아 정체감, 자아 존중감, 자기 효능감 등 자신을 사랑하는 것에 대한 여러 가지 정서나 감정이 많고, 많은 책과 미디어들이 여러 가지 방법을 이야기하고 있습니다. 그러나 아직도 자기 자신을 사랑하는 것은 힘들지도 모릅니다. 분명한 사실은 우리 모두 있는 모습 그대로 이미 사랑스럽고 소중한 존재라는 것입니다. 저도 이렇게 당당하게 이야기할 수 있는 것은, 이 책을 읽는 누군가 한 명이라도 베트맨을 통해 자기 자신에 대한 이해와 사랑을 하게 되길 바라는 나름의 소명이 있기 때문입니다.

우리 집에는 아들이 두 명 있습니다. 아버지인 저는 둘 중에 누구를 더 사랑할까요? 첫째 아이의 경우는 모든 성장의 순간이 감동이었습니다. 뒤집기를 하고, 배밀이를 하고, 잡고 일어서고, "엄마, 아빠"를 말하고, 첫걸음마를 떼는 순간순간이 감격스러웠습니다. 그런데 둘째 아이는 달랐습니다. '첫째는 이때 뒤집기를 했었는데….', '배밀이를 벌써 하나?', '잡고 일어서는 건 형보다 빨리 잘하는데!', '얘도 '엄마'보다 '아빠'를 더 많이 하네!', '슬슬 걸을 때가 됐는데….' 등. 비교하면 안 된다는 사실을 알지만, 자꾸 비교하면서 아이를 대했습니다. 저도 아들만 둘 있는 집에 차남으로 자라서 아이가 서운하지 않게 하려고 나름 신경을 썼지만, 쉽지 않은 일이었습니다. 비교하는 일은 우리에게 너무나도 익숙합니다.

그렇다고 둘째를 덜 사랑하냐고 묻는다면, 결코 그렇지 않습니다. 첫째를 키우며 겪었던 어려움이 둘째 때는 노하우가 되어 있었습니다. 처음엔 시행착오를 겪으며 엄마, 아빠, 아기까지 힘들어 했던 날들이 많았는데, 지금은 아이가 그저 귀엽고 사랑스럽기만 합니다. 첫 아이가 울 때는 걱정도, 가슴앓이도 많이 했었지만, 둘째 아이는 울어도 사랑스럽습니다. 왜일까요? 언젠가는 그칠 것을 알기 때문입니다. 육체적으로는 더 힘들어도 마음은 더 편합니다.

초보 아빠라 아직도 배워야 할 것이 많습니다. 실수를 반복하며 아빠도 아이들과 함께 성장합니다. 가끔 아이들을 비교하기도 하지만, 자식 사랑은 상대적인 것이 아님을 배워 갑니다. 상대적 사랑이 아닌, 절대적 사랑이 무엇인지 이제는 조금 알 것 같습니다. 열 손가락 깨물어 안 아픈 손가락이 없다는 말처럼 모두 사랑하는 것이 가능한 일임을 몸소 느끼며 경험하고 있습니다. 상대적으로 차이는 있겠지만, 절대적으로 두 아들 모두 제게 주어진 선물이자 보물입니다. 이 아이는 이 아이대로 예쁘고, 저 아이는 저 아이대로 예쁩니다. 형제끼리도 서로 비교하지 않고 서로 사랑하며 살아가길 바랍니다.

우리의 창조자이신 하나님께서 말씀하시길, "나 여호와가 말하노라 내 손이 이 모든 것을 지었으므로 그들이 생겼느니라 무릇 마음이 가난하고 심령에 통회하며 내 말을 듣고 떠는 자 그 사람은 내가 돌보려니와"(사 66:2)라고 하셨습니다. 그러니 피조물 된 우리도 서로 비교하면서 낙심할 필요가 없습니다. 우리에게 주어진 사명, 가난한 마음과 통회하는 마음이 더 중요합니다.

형제들아 너희는 선을 행하다가 낙심하지 말라 _살후3:13

비교하며 낙심하지 맙시다. 선한 일에 집중합시다. 하나님의 선하신 뜻을 좇아 행하는 것만으로도 의미 있는 삶입니다. 있는 모습 그대로 괜찮습니다. 남을 따라 할 필요가 없습니다. 자기가 비교해야 할 대상이 있다면 바로 어제의 나뿐입니다. 어제보다 나은 오늘을 살고 있는지 돌아보고, 오늘보다 나은 내일을 살기 위해 노력할 뿐입니다.

재능 찾기

"당신의 능력은 무엇입니까?" 이 질문에 대답하기 위해 긴 여정을 지나왔습니다. 다른 이의 돈, 능력, 스펙 등과 비교하며 부러워하지 말고 나 자신을 사랑하며 당당하게 살아 봅시다. 이렇게 자기 자신을 사랑하는 사람에게 자신이 진정 잘하는 것을 깨달을 수 있는 자격이 주어집니다. 남들과 비교하지 않고, 나 자신과 똑바로 직면할 수 있기 때문입니다. 나르시시즘(narcissism, 자기애)에 빠져, 자기중심적인 성격이나 행동으로 이어져야 한다는 것은 결코 아닙니다. 그저 "나답게 살아 보자!"라는 것입니다. 그러기 위해서는 '자아 존중'과 '자기 겸손'이 밑바탕에 깔려 있어야 합니다. 자아 존중을 전제로 하고, 냉정한 자신에 대한 평가와 비판을 해야 한다는 것입니다. 내가 잘 해낼 수 있는 것이 무엇인지, 내가 무엇을 할 때 가슴이 뛰고 행복한지 나 자신을 잘 돌아보며 찾아내 보기를 바랍니다. 남들이 하니까, 유망하다니까 그것을 좇으며 사는 것이 아니라, 나 자신만의 길을 선택해 보기를 바랍니다.

'밸런스 게임'이라는 것이 있습니다. 짜장면과 짬뽕처럼 두 가지 중 선택하기 어려운 것을 보기로 낸 후에 한 가지만 선택해야 하는 게임입니다. 두 가지의 보기가 서로 부딪히고 선택하기 어려울수록 난처하고 민망해지는데, (ex. 평생 치통 vs 평생 두통. 둘 중 하나를 꼭 골라야 한다면?) 그럴수록 밸런스 게임은 재밌어집니다. 이제 우리도 밸런스 게임을 해볼까요?

'잘하는 일 vs 좋아하는 일!' 하나, 둘, 셋!

이것은 저에게도 참 어려운 질문입니다. 진로, 학과, 직업 선택에 있어서 이 두 가지는 종종 부딪힙니다. 내가 좋아하는 일을 잘하면 될 텐데, 그것이 참 쉽지 않습니다. 아무리 잘하는 일이어도 재미를 못 느낀다면 금방 지칠 것이고, 아무리 좋아하는 일이라도 재능이 부족하면 성공하기 어렵기 때문입이다. 혹자는 성공을 위해서는 힘들어도 참고 잘하는 것을 해내야 한다고 말하지만, 좋아하는 일을 잘 못해도 본인이 만족할 수만 있다면, 저는 그러한 인생 자체도 참 가치 있다고 생각합니다.

정말 어느 것 하나 우선순위를 둘 수 없을 만큼 두 가지 모두 참 중요합니다. 우리는 이 두 가지 사이에서 균형을 잘 잡을 수 있는 선택을 해야 합니다. 제발 극단적인 선택의 상황은 밸런스 게임에서만 발생하기를 바랍니다.

하나님의 영광을 위하여!

그리스도인이라면 한 가지 더 고려해야 할 가치가 있습니다. 하나님께서 내게 주신 능력을 잘 찾고, 그것이 하나님의 영광을 위한 일인가를 분별해야 합니다. 성경에서도 은사(카리스마)와 재능(달란트)으로 사람이 가진 재능에 관해 이야기하고 있습니다. 먼저 성경에서 '은사'라는 말은 '선물'이라는 뜻을 함의하는 단어입니다. 즉, 우리가 가진 능력은 하나님께서 주셨다는 고백이 담겨 있는 예쁜 말입니다. 그러나 은사는 영적인 일, 하나님의 일을 하는 데 쓰이는 영적인 차원의 것으로 소개됩니다. (7가지 은사는 롬 12:4 - 8, 9가지 은사는 고전 12:6 - 10, 직분의 은사는 엡 4:8 - 12 참조)

재능(talent)은 '저울'을 뜻하는 그리스어 'talanton'으로부터 시작하여, 성경 시대의 화폐 단위가 하나님께서 주신 재능이라는 의미로 확장된 것입니다. 종교개혁가 마르틴 루터(Martin Luther)가 마태

복음 25장의 달란트 비유에서의 달란트를 '재능'으로 적용한 해석이 의미 변화의 시초라고 전해집니다. "각각 그 재능대로 한 사람에게는 금 다섯 달란트를, 한 사람에게는 두 달란트를, 한 사람에게는 한 달란트를 주고 떠났더니"(마 25:15). 여기에서 재능 혹은 달란트는 하나님께서 각 사람에게 주신 능력을 뜻하는 의미를 지니게 되었습니다.

이렇듯 성경에서의 은사와 재능은 모두 하나님께서 주신 것으로서 이 땅을 살아가는 데 필요한 능력들을 의미합니다. 따라서 이러한 내게 주어진 능력을 잘 찾고 활용하기 위해서는 나 자신이 주인이 되지 않고, 먼저 하나님께서 주인 되신다는 것을 인정해야 합니다. 그렇게 될 때 비로소 하나님의 영광을 위해 주신 내 능력을 잘 활용할 수 있게 됩니다.

주말에도 출근해야 해서 주일을 온전히 지키지 못하는 일, 담배나 술 등 하나님 나라의 가치와는 멀어 보이는 것을 만드는 일, 우리가 직장을 선택하려고 할 때 우리의 신앙생활과 부딪히는 경우가 발생하면 어떻게 해야 할까요? 쉽게 생각한다면 선택을 안 하면 그만이겠지만, 실제로 이런 일들이 다른 일보다 더 좋은 조건을 제시한다면, 무조건 안 된다고만 할 수 없을 것입니다.

저는 태권도 빨간 띠입니다. 제가 태권도를 배우던 어린 시절에는 국기원 품 띠 심사가 일요일에만 있어서, 결국 저는 심사를

보지 못하고 영원한 빨간 띠(유단자가 되기 전 마지막 단계)로 남고 말았습니다. 물론 주 5일제가 정착되어 요즘에는 토요일에도 심사가 있다고 합니다. 토익 시험 등 여러 가지 시험들도 일요일에만 해서 어려움이 있었는데, 요즘에는 이런 갈등이 점점 줄고 있습니다. (기독교인들의 주일 포기도 더 쉬워진 듯합니다.) 그럼에도 바쁜 청년들의 삶 가운데 주일을 지키는 것이 얼마나 어려운 일인지 우리는 이미 알고 있습니다. 이런 일회적인 선택의 갈등들이 모이고 모여, 직업을 선택하는

일처럼 크게 부딪히고 만다면 우리는 어떤 선택을 해야 할까요? (한 번은 괜찮다는 인식이 늘어난 것 같지만, 그것이 계속해서 쌓인다면?) 하나님의 영광을 위하여 우리는 어떤 선택을 할 수 있을까요? 제발 극단적인 선택의 상황이 찾아오지 않기를 바랄 뿐입니다.

그러나 이미 우리 삶 가운데 이러한 일들이 많이 벌어지고 있습니다. 한 가지 조언하자면, 이런 선택을 할 때는 나 자신과 하나님과의 관계를 다시 한번 돌아보고 다음 걸음을 내디딜 수 있으면 좋겠습니다. 다른 사람과의 비교를 통해서 내가 저 사람보다 더 잘 벌기 위한 선택이 아닌, 하나님께서 기뻐하실 만한 선택을 내리길 응원합니다. 당신의 선택에 누군가 평가하더라도, 그것을 받아들이는 이는 당신입니다. 남들의 조언이 도움이 될 수는 있지만, 그 책임은 온전히 본인이 짊어져야 합니다. 따라서 자기 자신과 하나님 앞에서 선택해야 합니다. 후회 없는 선택이 되기를 바랍니다.

하나님과의 관계

인생은 밸런스 게임과 같아서 잔인한 선택의 순간들이 우리 삶 가운데 쉽게 찾아옵니다. 거기에 그리스도인이라면 영적 밸런스 게임까지 해야 할 때가 있습니다. 이 게임 속에서는 선택의 순간마다 내가 무엇을 잘하고 좋아하는지, 이것이 내 욕심은 아닌지 하나님의 영광을 가리지는 않을지 기도하고 고민하며 선택해야 하고, 내가 다른 사람들과 비교하며 그것을 바탕으로만 선택하고 있지는 않은지 돌아봐야 합니다.

배트맨은 다른 슈퍼히어로들을 보며 부러워했을까요? 부러워했다면, 자신의 사명을 끝까지 감당해 내기 어려웠을지도 모릅니다. 도리어 그는 자신에 대한 존중과 신뢰를 되찾아, 그저 자신답게, 배트맨답게 살지 않았을까요? 그러므로 나만의 능력을 찾는 일은 자신에 대한 신뢰와 존중 속에서 이루어져야 합니다. 그리고 자신의 능력은 모든 것이 하나님으로부터 주어졌다는 신앙 고백 속에서 하나님의 영광을 위해 사용되어야 합니다. 혹시 당신 안에서 이런 가치들이 부딪히고 흔들린다면, 중심을 잘 잡고서 사람과의 관계가 아닌 하나님과의 관계를 먼저 개선해 나가는 것은 어떨까요?

세상과 다른 방법으로 살아가기

불량 시민

배트맨은 자경단으로 활동합니다. 경찰학 사전에서는 자경단(혹은 자경대)을 "자신의 안전과 재산을 스스로 경계하여 보호하기 위해 조직한 단체"라고 설명합니다.[26] 자경(自警)이라는 한자는 그 뜻 그대로 '자율 경비'라고 생각하면 이해하기 쉽습니다. 자경단을 뜻하는 영어 vigilante(비질란테/비질랜티)는 '감시하다', '경계하다'라는 의

---

26 네이버 경찰학사전, https://terms.naver.com/entry.naver?docId=1962359&cid=42149&categoryId=42149

미에서 유래된 스페인어에서 온 말입니다. 정리해 보면, 자경단은 대체로 경찰이 제대로 기능하지 않을 때 활동하며, 자신 혹은 공동체의 안전과 권리를 지키기 위해 일합니다.

자경단은 경찰과 같은 공권력이 아닌 사조직이기에 법의 보호를 받지 않습니다. 따라서 배트맨은 자신의 활동에 대해서 어떤 보상도 받지 않으며, 어떤 법적 책임도 지지 않습니다. 또한, 법의 울타리 밖에서 활동한다는 것은 자기 혹은 자기가 속해 있는 단체 마음대로 한다는 것을 의미합니다. 배트맨은 1인 자경단이기에 자기 마음대로 범죄를 추적하고, 싸우고, 심판합니다. 보통은 잡아서 경찰에 넘기는 것까지가 본인의 임무입니다. 경찰 제임스 고든을 비롯한 고담 경찰과도 협력을 하기도 하지만, 주도권은 늘 본인이 가지고 있습니다. 반면, 마블 시네마틱 유니버스에는 쉴드(S.H.I.E.L.D.)[27]라는 국제 안보 기관이 있어서 슈퍼히어로 팀인 어벤져스와 공식적인 협력 관계를 가지고 있습니다. 쉴드와 어벤져스의 관계는 영화의 가장 큰 주제가 될 정도로 복잡한 관계에 있지만, (쉴드와의 관계 설정을 위해 슈퍼히어로 팀이 둘로 갈라지기도 합니다.) 배트맨과 그가 속해 있는 저스티스 리그는 (영화 속 세계관에서 아직까지는) 정부 기관 혹은 조직과 큰 관련이 없습니다.

27 Strategic Homeland Intervention Enforcement Logistics Division(전략적 국토 개입 및 집행 병참국)의 준말.

영화 〈다크 나이트〉에서 모든 범죄의 책임을 본인이 짊어지고 홀연히 떠나는 결말의 장면은 모범 시민의 모습과는 거리가 멀다고 할 수 있습니다. 과연 진짜 책임을 진 것일까라는 의문이 남습니다. 진정한 '시민'이라면 지금이라도 범죄를 뉘우치고 도주가 아닌 자수를 해야 할텐데, 배트맨은 자기 마음대로 행동합니다. 배트맨을 시민의 한 사람이라는 측면에서 바라본다면 모범 시민이 아니라 불량 시민이겠죠.

배트맨의 이러한 모습은 배트맨처럼 살아가는 그리스도인이 닮지 말아야 할 모습이 아닐까 싶습니다. 세상 속에서 살아가는 그리스도인들은 자기 마음대로 법과 질서를 무시한 채 살아가지 않습니다. "가이사의 것은 가이사에게, 하나님의 것은 하나님에게 바치라"(막 12:17) 하신 예수님의 가르침을 기억해 봅시다. 로마 황제의 얼굴이 새겨져 있는 동전을 사용하는 것같이, 우리도 한국은행 총재의 직인이 찍혀 있는 지폐를 사용하고 있습니다. 따라서 우리도 예수님의 가르침대로 세상의 질서를 인정하고 권위를 존중하며 살아야 하는 의무가 있습니다.

2022년 초, 우크라이나 땅에서 벌어지는 전쟁 가운데, 특수부대 출신 유명인들이 의용군으로 참전하는 소식들이 전해졌습니다. 우리나라 법은 그들의 파견을 허락하지 않았으나 그들은 당당히 출국했습니다. 그런데 그들의 행동에 대해 갑론을박이 벌어졌습니다. 누구보다 용감한 행동이지만, 모두에게 박수를 받기에는 부족한 행동이었습니다. 전쟁 속에 의용군으로 참전하는 그 뜻은 존중 혹은 존경받을 수 있으나, 그 방법에는 아쉬움이 남는 모습이었습니다. 서울 경찰청은 귀국한 한 사람을 여권법 위반 혐의로 검찰에 송치하였고, 결국 이 유명인은 사과했습니다. 그는 자신의 SNS에 다음과 같은 말을 남겼습니다. "앞으로는 대한민국 법질서 테두리 내에서 우크라이나를 도울 수 있는 방법이 무엇일지 신중하게 고민하겠습니다."

불살의 철칙

총을 든 배트맨을 본 적 있나요? 아마도 여러분의 기억 속에는 없는 장면일 것입니다. (배트맨을 잘 모르는 사람들은 이 사실을 처음 알게 되었을지도 모르겠습니다.) 배트맨은 자기 마음대로 활동하는 자경단이지만, 그에게는 특별한 자신만의 원칙이 있었습니다. 바로 '불살'(不殺)의 철칙입니다. 배트맨은 악당들과 싸울 때 그들을 죽이지 않았습니다. 이것은 증오와 복수심으로 가득 찬 배트맨이 스스로 지켜야 할 선을 정해 놓은 중요한 설정입니다. 배트맨은 자신이 범죄자들과는 다르다는 것을 보이기 위해 자기만의 철칙을 정했습니다. 자기 마음대로 하는 자경단이지만 스스로 자기만의 규칙을 정한 것입니다. 이 선을 지키기 위한 내적 갈등이 배트맨의 매력입니다. 지금까지 배트맨에 대한 많은 이야기 가운데 중요한 이 설정에 대해서 따로 떼어 이야기하지 않았습니다만, 배트맨이 어떻게 살아가는지를 이해하기 위해서라면 꼭 언급해야 할 중요한 주제입니다.

그렇다면 언제부터 배트맨이 사람을 죽이지 않았을까요? 그는 처음부터 불살의 철칙을 가지고 있지는 않았습니다. 1939년의 원조 배트맨은 총을 사용하기도 했지만, 이듬해 1940년 처음으로 '불살'이라는 설정이 나왔습니다. 배트맨 만화 4호에서 배트맨이 로빈에게 "우리는 어떤 종류의 무기로도 죽이지 않는다(We never kill with weapons of any kind)."라고 말했습니다. 그 이후 배트맨은 (간혹 예외는 있었지만) 총기 같은 살생 무기를 사용하지 않고서 악당들과 싸우게 되었고, 총의 경우 자신의 부모를 죽음에 빠뜨린 무기이므로 더더욱 사용을 꺼려 했습니다.

영화 속에서는 이러한 불살의 원칙과 내적 갈등이 크게 드러나지 않습니다. 겉으로 드러나는 주제는 아닙니다. 더 나아가, 총을 사용하지 않더라도 간혹 죽어 가는 것을 내버려 두는 배트맨을 볼 수 있고, 때론 '저건 거의 죽인 거 아니야?' 싶은 장면도 종종 볼 수 있습니다. 영화 〈다크 나이트〉에서 배트맨은 제임스 고든의 아들을 구하기 위해 하비 덴트와 함께 건물 밑으로 떨어지고, 이후 같은 영화에서도 조커를 빌딩 밑으로 던졌다 살려 주고 떠났습니다. 하지만 〈배트맨〉(1989)에서는 조커를 빌딩 밑으로 추락시켜 버렸습니다. (타살 혐의가 분명히 있죠.) 팀 버튼 감독의 영화, 〈배트맨〉(1989)과 〈배트맨 리턴즈〉에서는 불살의 설정이 아예 없는 것처럼 보입니다. 비교적 최근 영화인 〈배트맨 대 슈퍼맨〉에서도 차에 갇힌 범죄자를 구하지도 않고, 악질 범죄자에게 낙인을 찍어 다른 범죄자들에게 맞아 죽도록 내버려 두는 등 그에게 불살의 의지를 찾아보기 어려웠습니다. 따라서 배트맨 영화를 볼 때 당신이 범죄 전문가가 아니라면, 배트맨의 불살 의지를 확인하며 보는 것을 추천하지는 않습니다. 영화에 몰입하는 데 방해가 될지도 모르기 때문입니다.

배트맨은 비교적 적극적인 폭력을 사용합니다. 앞서 8장에서 다룬 영화 〈더 배트맨〉(2022)에서 갱단을 무자비하게 폭행하는 장면은 너무 가혹하기까지 합니다. 갱단에 쫓기던 피해자가 배트맨에게 한 말은 고맙다는 말이 아닌, 살려달라는 말이었습니다. 공포를 심어 주는 데는 성공할지 모르지만, 선량한 시민들까지 공포에 휩싸이게 만들 때도 있습니다. 이처럼, 직접 죽이지는 않는다고 하더라도 그에게는 잔인한 면모가 있습니다. 배트맨의 불살 원칙은 복수심에 불타오르는 자기 자신을 제어하기 위한 장치일 뿐인 것입니다. '직접' 죽이지는 않기에 자신은 악당들과 다르다고 여길지 모르지만, 그는 '생명 존중' 사상이 투철한 시민 활동가는 아니었습니다.

아슬아슬 줄타기

당연하게도 배트맨의 자경단 활동과 특별히 그 안에 내재하고 있는 폭력성은 그리스도인의 삶의 모범이 되지 않습니다. 그의 내면 심리의 설정이 바로 '불살'이긴 하지만, 이것은 그다지 한 인간으로서 닮아야 할 모습은 아닙니다. 배트맨이 악당과 싸우는 모습을 우리가 닮아야 한다거나, 따라 할 이유는 없습니다. 없어야만 합니다.

그럼에도 배트맨의 아슬아슬한 줄타기는 세상 속에서 살아가는 그리스도인에게 좋은 영감을 줍니다. 그가 내내 흔들리면서도 세상의 길과는 다른 자신만의 길을 걷는다는 점입니다. 우리도 그렇습니다. 세상에 속해 있지만, 세상과는 다르게 살아가야 합니다. 세상의 법과 질서를 지키면서도, 세상과는 구별된 '거룩한 삶'을 살아야 합니다. 성결 교단의 목사인 저는 사실 '거룩'을 의미하는 '성결'이라는 교단의 명칭이 부담스러울 때가 많습니다. "내가 거룩하니 너희도 거룩하라"(레 11:45)라고 하신 말씀이 좀 불편하기도 합니다. '하나님의 거룩을 내가 닮아 살 수 있을까?' 아니 더 나아가 '내가 하나님의 거룩한 삶을 좇아서 살고는 있는가?'라고 생각할 때면 어딘가 늘 죄송합니다. 하얀 새 신발을 처음 꺼내 신는 것처럼 불안하기도 합니다. 새 신발은 곧 더러워질 거니까 깨끗하게 지켜야 한다는 마음을 포기하고, 신나게 신고 거리에 나설 수 있습니다. 제 경우 처음이 힘들어 바로 신지 않고 묵혀 둘 때가 있지만, 보통 이삼일을 넘기지는 않습니다. 일단 신게 되면, 불안함보다는 설렘이 더 큽니다. 하지만, 거룩한 삶을 살라는 말씀은 새 신발을 신는 것보다 더 무겁습니다. 하나님은 우리에게 깨끗하라고 명령하셨지만, 거리에 나가

배트맨의 집총 거부?

배트맨의 불살의 원칙 가운데 중요하게 드러나는 모습은 총을 사용하지 않는 점이다. 그가 특별히 총을 싫어하는 이유가 있다. 그의 부모가 그의 눈앞에서 갱단의 총에 의해 살해당했다는 점이다. 그래서 영화 속에서는 잘 드러나지 않지만, 종종 총기 사용에 대해 거부감을 나타낸다. 총기는 자신의 트라우마를 드러내는 중요한 요소가 되기도 한다.

그러나 배트맨이 총을 사용하지 않는다고 해서, 그를 집총 거부를 외치는 '비폭력 평화 운동가'로 오해해서는 안 된다. 잘 알다시피, 배트맨은 폭력을 사용한다.

심지어 배트맨과 로빈은 제2차 세계 대전 중, 미국의 선전물로 사용되기도 했다. 1943년 〈배트맨 코믹스 18호〉의 표지에는 히틀러, 무솔리니, 도조 히데키가 당하는 그림이 그려져 있다. 개인이 그린 그림이 아니라, 실제 출판된 만화의 표지이다. 만화 속 내용은 고담시에서 활약하는 일상적인(?) 배트맨과 로빈을 그리고 있지만, 당시 만화사는 표지를 통해 배트맨을 선전에 이용하였다. (미국의 역사적 위기 순간에 슈퍼영웅들이 등장했다. 비슷한 시기 데뷔한 슈퍼영웅은 원더우먼, 캡틴 아메리카, 캡틴 마블 등이 있다.)

지 않는 것만이 자신을 깨끗하게 지킬 수 있는 방도가 아닐까 싶습니다. 걱정, 시기, 교만, 질투, 욕심, 다툼, 미움과 같은 마음들까지도 어떻게 깨끗하게 지킬 수 있을까요?

우리의 삶이 배트맨의 아슬아슬한 줄타기와 더욱 닮아 있지는 않나요? 분노에 차올라 폭력을 자행하지만, 결국은 죽이지는 않는 배트맨의 아슬아슬한 줄타기. 세상 속에서 살아가는 그리스도인들도 알게 모르게 죄를 짓고 자신도 모르게 폭력을 자행하지만, 그래도 선을 지키며 아슬아슬한 줄타기를 할 때가 많습니다. 하나님의 말씀이 우리의 선(線)이 되고 우리의 기준이 됩니다. 그리고 성경의 많은 기준 중에서도 "거룩하라"는 명령은 심히 부담스러운 것이기는 하지만, 그 명령이 있기에 우리는 하나님께 다시 돌아갈 수 있습니다. 그 명령 앞에서 우리는 모두가 겸손할 수밖에 없습니다. 이 세상에 "나는 거룩하다!"라고 떳떳하게 외칠 수 있는 사람은 아무도 없습니다. 이처럼 거룩은 명령이자 은혜입니다. 이 은혜로 우리는 겸손하게 살아갑니다. 당신은 진짜 그리스도인 입니까? 이 질문 앞에서 부끄러운 사람들이 더 많을 것입니다. 하지만 괜찮습니다. 이미 여러분은 괜찮은 그리스도인입니다.

문제는 자만입니다. 자신의 생활에 자신감이 없는 자라면 걱정하지 않아도 됩니다. 부족하다고 느낀다면 그것으로 이미 충분합니다. 정말 우리가 조심해야 할 것은 자만입니다.

> 그러므로 서 있다고 생각하는 사람은 넘어지지 않도록 조심하십시오. _고전 10:12, 새번역

먼저 믿는 자로서, 나만 하나님을 알고 선을 행하고 살고 있다는 자만심이 더 무섭습니다. 자신이 잘살고 있다고 자신하며 떳떳한 사람들, 오늘날 바리새인과 같은 기독교인들이 위험합니다. 세상과 자신은 다르다며, 세상을 부정하는 이들은 더 위험합니다. 이들은 세상 속에서 어렵게 살아가고 있는 사람들을 위로하기 전에 세상을 좇아 산다며 정죄합니다. 신앙이 부족해서 세상을 좇는 것이 아닙니다. 누구나 세상을 좇으며 살고 있음에도 불구하고, 자신은 다르다며 정죄하는 이들을 보면 속상하기도 합니다. 사도 야고보는 장사해서 돈을 벌겠다는 사람들에게 이렇게 이야기합니다.

> 오늘이나 내일 어느 도시에 가서, 일 년 동안 거기에서 지내며, 장사하여 돈을 벌겠다 하는 사람들이여, 들으십시오. 여러분은 내일 일을 알지 못합니다. 여러분의 생명이 무엇입니까? 여러분은 잠깐 나타났다가 사라져 버리는 안개에 지나지 않습니다. _약 4:13 - 14, 새번역

내일 일을 알지 못하는데 계획이 무슨 소용이냐는 말처럼 들립니다. 그러나 이 말씀은 계획을 세우고 장사를 하며 돈을 버는 것 자체를 정죄하는 것이 아닙니다. 사람의 계획 속 중심이 무

엇인지를 돌이켜보라는 말입니다. 이어지는 15~16절이 이를 보여줍니다.

> 도리어 여러분은 이렇게 말해야 할 것입니다. "주님께서 원하시면, 우리가 살 것이고, 또 이런 일이나 저런 일을 할 것이다." 그런데 여러분은 지금 우쭐대면서 자랑하고 있습니다. 그와 같은 자랑은 다 악한 것입니다. _약 4:15 - 16, 새번역

우리는 "몇 년 동안 어디에 가서 돈을 벌어야겠다."라고 계획할 수 있습니다. 당연히 그렇게 살아야 합니다. 우리는 모든 것을 계획하고 준비하며 삽니다. 일용할 양식만 구하며, 내일 일을 준비하지 않고 사는 사람은 찾아보기 어렵습니다. 따라서 이 말씀 속에서 더 중요한 것은 우리의 걱정과 계획 이전에 '주님의 뜻이 먼저'임을 인정하라는 것입니다. 내 힘으로 해낸다고 우쭐대고 자랑해서는 안 됩니다. 자크 엘륄(Jacques Ellul)은 이 본문에 대해 "그리스도인들이 늘 내리는 이런 선택들은 주변 세상의 선택과 다르지 않다."라고 이야기합니다. 그리고 다음과 같이 말합니다.

> 야고보가 경고하듯, 그리스도인들도 세상 사람들과 똑같이 말합니다. 세상 사람들과 똑같이 생각하고, 똑같은 결정을 내립니다. 우리는 세상과 분리

되었다고 믿지만, 실상은 아닙니다.[28]

이렇듯 교만한 이들이 신앙이 부족한 이들보다 더 위험합니다. 우리가 해야 할 일은 겸손하게 자기 자신을 돌아보는 것입니다. 우리는 세상 속에서 살아가지만, 세상 속에서 내가 어떤 모습인지를 돌아보는 일에는 익숙하지 않습니다. 자신의 마음속에 있는 동기를 살펴보지 않습니다. 자만에 빠지지 않기 위해서는 '거룩'이라는 불편한 목표를 가지고 겸손하게 삶을 살아가야 합니다. 세상에서 인정받는 것을 목표로 삼는 것이 아니라, 하나님 나라를 위해 열심히 살아야 합니다. 이것은 정말 어려운 일입니다. 그러니 더 겸손할 수밖에 없습니다.

배트맨의 불살은 솔직합니다. 인류를 구하기 위해 내가 희생한다는 뜻이 아닙니다. 그는 복수심에 불타올라 악당들을 심판하지만, 실수하고 넘어질 것이 두려워 자신만의 철칙, 불살이라는 규칙을 세우고 활동하는 것입니다. 자기 자신이 괴물이 되는 것을 막기 위한 최후의 수단일 뿐이라는 것이죠. 그리스도인들도 자신이 구별되고 거룩하다고 생각하기 이전에, 거룩하지 않은 모습들, 자신의 약점들을 돌아봐야 합니다. 그리고 남들과 비교하지 말고, 하나님 앞에서 자신만의 규칙을 세워 나가야 합니다. 거룩의 의미인 '구별'은

28 자크 엘륄, 『부와 가난에 관하여』 (서울: 비아토르, 2017), 368.

선을 긋는 것입니다. 따라서 '건강한 선'을 그으며 살아 봅시다. 하나님과 나 사이를 막고 있는 것이 무엇인지, 하나님보다 더 사랑하는 것이 무엇인지 돌아보고 마지노선을 그어 봅시다. 그리고 조금씩 조금씩 자신의 생활을 발전시켜 자신의 영역을 넓혀 나가 봅시다. 거룩한 땅에 조금씩 가까워질 것입니다. 한 단계 한 단계 경계를 확장시켜 나가는 그 노력 속에 하나님께서 함께하십니다.

배트맨으로 살아가는 그리스도인의 삶은 꽃길이 아닙니다. 불편하고 좁은 길입니다. 어떨 때는 내 발보다 얇은 줄을 타고 건너가야 할 때도 있습니다. 넘어지는 것이 두려워 시작조차 포기하지 말고, 한 발 한 발 조심스레 자기만의 발걸음을 내디뎌 봅시다.

우리에게 주어진 우리만의 사명

세상을 좇는 것, 혹은 세상의 성공을 좇는 것이 당연한 일이라고는 하지만, 모두 괜찮다는 것은 아닙니다. 마음의 동기는 하나님께 있어야 하는데, 마음의 동기가 진정 하나님께 있다면 삶의 양식도 변화하게 됩니다. 우리는 자연스럽게 세상과 다른 방법으로 살아가게 됩니다. 무엇이 세상 사람들과 다를까요?

어린아이의 표현을 빌려 보겠습니다. 저의 첫째 아들은 이따금 철학적인 주제를 쉽게 내뱉을 때가 많습니다. 6살짜리 어린이가 삶과 죽음에 대한 실존적인 질문들을 던집니다. 왜 살고, 왜 죽으며, 왜 그것을 피할 수 없는지 종종 묻습니다. 저와 제 아내는 새삼 놀랄 때가 많습니다. 어린이 철학가는 요즘 삶의 이유에 답을 찾은 듯합니다. "아빠, 왜 사는지 알아?"라는 물음에 그 답을 물어보면, "행복하기 위해 사는 거야! 그리고 나는 지금 행복해."라고 대답합니다. 이러한 생각과 말이 기특하기도 하고 참 감사하면서도, 저는 제 아들이 한 단계 더 성숙하기를 기대합니다. 바로 자신의 행복만이 아닌 이웃의 행복도 찾아주는 사람이 되길 바랍니다. "아들아, 내가 소중한 만큼 다른 사람도 소중해. 아빠는 너랑 우리 가족만 행복하면 되는 것이 아니라, 다른 사람도 행복할 수 있도록 지켜 주고 싶어." 그렇습니다. 그리스도인이 세상과는 구별되어 살아가는 길은 바로, '타자의 행복'을 추구하는 데 있습니다.

배트맨의 사명은 사람을 '살리는 것'이 아니라, 죽지는 않게

끔 악당들을 혼내 줘 세상을 구하는 것입니다. 그러나 우리의 사명은 살리는 것입니다. 죽어 가는 사람들에게 손을 내밀어 세상을 구하는 것입니다. 영화 속 배트맨은 종종 악당을 위기에서 구하지 않음으로 살인을 저지르기도 합니다. 그러나 그리스도인의 삶은 그가 누구이든 간에 위기에 빠진 사람을 구해 내어, 생명을 살리는 것입니다. 세상의 성공은 생명의 가치보다 물질의 가치를 좇는 것이지만, 우리의 성공은 물질의 가치를 포기하더라도 생명을 살리는 일을 우선하는 것입니다. 세상에서 승리하기 위해서는 대결을 통해 남을 밟고 올라서야 할 때가 있습니다. 하지만 우리는 무한 경쟁 사회에서 이웃을 돌아보고, 함께 나누며, 함께 성장해야 합니다. 이것이 그리스도인의 삶이며, 그리스도인이 꿈꾸는 승리입니다.

행복을 지키는 슈퍼히어로

세상 속에서 그리스도인만의 구별된 삶을 살아가는 사람들에게 요구되는 첫 번째 과제는 '모범 시민'으로 사는 것입니다. 동시에 그리스도인들은 세상 속에 스며들어 살아가고 있기에, "나는 거룩하다. 구별되었다." 하고 자만해서는 안 됩니다. 겸손하게 내 안에 하나님이 먼저 살아 계신지, 주님의 뜻으로 살아가고 있는지 돌아봐야 합니다. 내 마음에는 무엇이 있는지, 자신을 냉정하게 평가해야 합니다. 흔들리는 크리스천이여, 하나님으로 중심을 꽉 잡으십시오! 중심이 잡히면 내 마음속 하나님의 뜻이 삶을 변화시킬 것입니니다. 내 마음속 하나님의 뜻은 내 삶을 이웃과 생명을 향한 것으로 변화시킵니다. 손과 발이 세상을 향해 따듯하게 변할 것입니다. 세상이 관심 가지지 못하는 소외된 이웃들, 죽어 가는 인생들에 관심을 갖게 되고, 그들을 살리는 사명자의 삶을 살게 될 것입니다. 제 아들과 저는 매일 밤 자기 전 이웃을 위한 기도로 하루를 마무리합니다.

"하나님, 사람들의 행복을 지켜 주는
멋진 슈퍼히어로가 되게 해주세요!"

함께 꿈꾸는 하나님 나라

배트맨은 혼자가 아닙니다

배트맨은 고독한 영웅입니다. 그러나 그에게 빼놓을 수 없는 협력자가 있으니, 그 협력자는 바로 '로빈'입니다. 배트맨의 10대 조수로 배트맨을 도와 고담시의 평화를 지키는 인물입니다. 이미 1940년부터 등장하여 만화 속 원작에서는 딕 그레이슨, 제이슨 토드, 팀 드레이크 등 여러 인물이 로빈으로 활동하고 있을 만큼 역사도 깊습니다. 로빈은 '보이 원더'(Boy Wonder)라는 별명을 가지고 있고, 배트맨과 로빈은 '다이나믹 듀오'(Dynamic Duo)라고 불립니다. 슈퍼히어로의 조수를 영어로 '사이드킥(Sidekick)'이라고 하는데, 대표적인 사이드킥이 바로 이 로빈입니다.

배트맨은 수년 동안 로빈과 함께 활동했지만, 영화 속에서 우리가 기억하는 로빈은 많지가 않습니다. 하지만 그는 1943년 첫 번째 배트맨 실사 영화부터 등장하여, 1949년 속편이 〈배트맨과 로빈〉이라는 이름으로 나올 만큼 나름 주인공이었습니다. 1966년 TV 시리즈와 영화에서도 빼놓을 수 없는 인물이었습니다. 팀 버튼(Tim Burton) 감독의 〈배트맨〉(1989)과 〈배트맨 리턴즈〉에는 등장하지 않았는데, 팀 버튼 감독만의 어두운 색채에 '화려한' 로빈은 어울리지 않아서인 듯합니다. 하지만 조엘 슈마허(Joel Schumacher)가 메가폰을 이어 받은 두 편의 가족 영화 〈배트맨 포에버〉, 〈배트맨과 로빈〉(1997)에 다시 등장했습니다. 특히, 마지막 작품은 1949년의 제목인 '배트맨과 로빈'이라는 이름을 다시 사용할 정도로 로빈의 비중을 높였지만 가장 아쉬운 배트맨 영화가 되고 말았습니다. 영화의 시작부터 배트맨과 로빈은 가벼운 농담을 주고받습니다.

> **로빈:** 나도 차 좀 줘요. 여자들한테 인기거든요.
> **배트맨:** 이러니까 슈퍼맨이 혼자 일하지.

이 장면 외에도 또 하나의 악명 높은 명장면(?)을 소개하자면, 배트맨과 로빈이 포이즌 아이비와의 저녁 데이트를 위해 경매를 벌이다가, 급기야 배트맨이 배트맨 신용카드(Bat Credit Card)를 내미는 장면입니다. (정체를 숨겨야 할 배트맨이 신용카드라니?!) 그리고 이 영화에는 배트걸도 등장하고 그 밖의 캐릭터들도 많이 나옵니다. 그래서인지 한 가지 이야기에 집중하지 못하는 아쉬움이 있습니다. 이러한 일들로 인해 배트맨이 로빈 같은 다른 영웅들과 함께 나오면 성공하지 못한다는 속설이 생기고 말았습니다. 이후 다크 나이트 시리즈, DC 확장 유니버스, 〈더 배트맨〉 시리즈 속에서 로빈이 간접적으로 언급될 때가 있지만 직접 영화에 모습을 드러내지는 않고 있습니다.

다크히어로 배트맨 영화에서 로빈이 나오면, 영화의 분위기가 바뀔 수밖에 없습니다. 그래서 로빈은 배트맨의 영화 속에서 잘 등장하지 않고 있습니다. 영화 속에서 고독한 영웅 배트맨에게 10대 조수는 그리 썩 어울리지 않는 듯합니다.

혼자서는 세상을 구할 수 없다

로빈만이 아니라 다른 영웅들과도 마찬가지입니다. 영화 속에서 배트맨이 다른 영웅들과 같이 나오면 그만의 어둠과 고독함, 즉 다크 나이트의 색깔이 빠져 버립니다. 따라서 고담시에는 많은 악당이 존재하지만 영화 속에서는 주로 혼자 활동해야 합니다. 영웅이 많아 캐릭터가 분산될수록 배트맨이 묻히기 때문입니다. 그럼에도 DC 영화사는 DC 확장 유니버스를 통해 배트맨의 동료들을 끌어모았습니다. 〈배트맨 대 슈퍼맨〉으로 배트맨이 다른 슈퍼히어로들과 갈등하고 그것을 극복하는 과정들을 그린 후, 〈저스티스 리그〉를 통해 한 팀이 되어 악당과 맞서는 슈퍼히어로 팀을 만들어 냈습니

배트맨 찐팬 되기

레고 배트맨 무비

배트맨과 로빈, 그리고 그의 동료들을 그려 낸 영화 한 편을 소개하자면, 바로 〈레고 배트맨 무비〉이다. 2017년 국내 개봉한 이 영화는 실사 영화가 아니라, 레고로 만든 애니메이션 영화로서, 평론가와 관객 모두에게 호평을 받는 영화이다. 1960년대 배트맨에 대한 오마주부터 각종 패러디들이 존재하고, 정말 다양한 악당들이 출연한다. 배트맨의 팬에게는 종합 선물 세트와 같은 영화이다. 동시에 배트맨을 몰라도 즐길 수 있는 영화로서, 2017년생 우리 집 아들이 유일하게 좋아하는 배트맨 영화이다. 어른과 어린이 모두 즐길 수 있는 영화로 배트맨을 가족과 함께 가벼운 마음으로 만나고 싶다면 적극적으로 추천한다.

〈레고 배트맨 무비〉는 혼자서 고담시를 구하는 외로운 영웅 배트맨이 로빈과 배트걸 등 동료들과 함께 성장하는 이야기를 담고 있다. 외로운 배트맨이 새로운 가족을 만들어 가는 '가족 영화'이다. 배트맨은 혼자 세상을 구할 수 없다는 것을 깨닫고, 동료들을 받아들이기 시작한다. 1990년대 가족 영화는 아쉬움을 남겼지만, 애니메이션 영화라는 특성과 잘 맞아떨어지는 영화이다.

다. 영화 〈저스티스 리그〉의 소개 문구는 바로 "혼자서는 세상을 구할 수 없다."입니다. 그만큼 '함께함'을 강조한 것이죠. DC만의 슈퍼히어로 팀의 탄생을 많은 팬들이 기대하고 응원했습니다. 그러나 이 영화 속에서도 결국 슈퍼맨 혼자 구할 수 있음을 보여 주며, 배트맨은 조연의 자리로 물러나고 말았습니다. 개성 강한 슈퍼히어로들이 한 영화에서 같이 활약하는 것을 연출하기란 정말 어려운 일인 듯합니다. 결국 타사와 비교해서 아쉬운 흥행 성적을 남기게 되었고, 후속작들이 쉽게 이어지지 못하고 있습니다. 배트맨이 다른 영웅들과 함께 활약하는 영화는 성공하지 못한다는 공식이 유지되고 있는 것 같습니다.

배트맨의 팀 영화는 아쉬움을 남겼지만, 배트맨으로 살아가는 그리스도인들은 한 가지 사실을 꼭 기억하면 좋겠습니다. 세상 속에서 살아가는 그리스도인은 혼자가 아니라는 사실! 각자의 자리에서 고군분투하며 최선을 다해 살아가고 있는 동료들이 있다는 사실입니다. 배트맨으로 살아가는 그리스도인이라고 해서, 외로움 속에 파묻혀 있을 필요가 없습니다. 아니, 오히려 우리는 더 뭉쳐야 합니다. 우리는 서로 공감하고, 함께하여 이 땅 가운데 하나님의 사랑을 전하고 하나님의 뜻을 세워 나가야 합니다.

성경에서 하나님이 쓰신 사람들도 혼자 활동하지 않았습니다. 예를 들어, 엘리사에게는 엘리야라는 위대한 스승이 있었습니다. 그들의 삶을 보면서 아름다운 리더십 승계 과정을 배울 수 있습니다. 그리고 다윗에게는 요나단이라는 귀한 벗이 있었습니다. 원수될 수밖에 없는 조건을 극복하고서 그들은 서로에게 힘이 되어 주는 동지가 되었습니다. 또한 느헤미야는 예루살렘 성벽을 재건하였고, 동시대의 에스라는 하나님의 말씀을 회복시켰습니다. 각자의 영역에서 함께 하나님의 나라를 세운 멋진 모습입니다.

성경 안에서만 있는 이야기가 아닙니다. 오늘날에도 예수 그리스도의 뜻을 따라 살아가는 '그리스도인'이 많습니다. 우리는 각자 눈물이 맺히고 마음이 닿는 곳을 위해 살아가고 있지만 혼자가 아니라는 사실을 꼭 기억합시다.

함께 꿈꾸는 하나님 나라

좋은 모범을 보여 주는 선배들은 분명히 있습니다. 잘 찾아보면 자신이 몸담고 있는 분야에 이미 멋진 그리스도인 선배가 있을 것입니다. 그들이 어떻게 자기 신앙을 지키며 동시에 선한 영향력을 끼치며 사는지 살펴보고, 필요하다면 그들을 찾아가 조언을 구하면 좋겠습니다. 아낌없는 격려와 응원을 해줄 것입니다.

저는 통일 운동에 앞장서고 있는 대학 선배를 10년 만에 연락하여 찾아간 적이 있습니다. 그 선배는 자신의 분야의 경쟁자가 아닌 함께 걸어갈 동료로 나를 받아 주고 여러 가지 귀한 조언을 해주었습니다. 제 연락이 부담스럽지는 않았냐는 질문에, 그는 같은 비전을 품고 같은 방향을 향해 걷는 후배를 만난 것 자체만으로도

볼지어다
내가 세상 끝날까지
너희와 항상 함께 있으리라
-마태복음 28:20-
철수야, 이담에 나랑 결혼하자!
뭐? 난 아직 마음의 준비가...
동 to the 그 to the 라미!
우 to the 영 to the 우!
하!

"우리는 혼자가 아니다."

좋다고 했습니다. 저는 계속해서 선배에게 조언을 구하며 함께, 이 땅의 상처를 치유하고 남북 갈등, 남남 갈등을 극복하여 진정한 평화를 이루는 일에 쓰임받고자 노력할 것입니다.

동시에 동료와 후배들의 모범이 될 수 있다는 것을 기억합시다. 마땅히 좋은 선배도 없고 마음 맞는 친구도 없어 외로움을 느끼고 있다면 더더욱 이 사실을 기억해야 합니다. 분명히 누군가는 비슷한 문제로 고민하고 있으며 어디에선가 외로움을 느끼고 있을 텐데, 자신이 과감히 멋진 길을 걸어간다면 누군가는 분명 그 모습을 보고 위로를 받으며 힘을 낼 것입니다. 만나서 새로운 친구가 되고 함께 길을 걷는 동료가 될 수도 있겠지만, 그렇지 않을 수도 있습니다. 용기를 내어 새로운 사람에게 연락하고 찾아가는 것은 정말 쉬운 일이 아닙니다. 그러나 분명히 누군가는 나를 지켜보고 있다고 생각하고 열심히 살아 보기를 바랍니다.

제 아내는 어린이집 교사입니다. 2022년 올해 기준으로 2세, 6세 두 아이를 데리고 어린이집에 갑니다. 엄마와 같은 어린이집에 있는 것이 동료 교사와 아이들 그리고 엄마 자신에게 적잖이 부담되는 일이기도 하지만, 아내는 묵묵히 자신의 일을 해내고 있습니다. 남편으로서 미안하기도 하지만, 자기 일을 사랑하는 멋진 워킹맘인 저의 아내를 진심으로 사랑하고 존경합니다. 아내의 삶은 어린이집의 엄마들에게도 공감이 되는 모양입니다. 다른 엄마들이 제 아내를 보며 이런 말을 했다고 합니다. "선생님, 아이들 데리고 일하시는 모습 보며 동질감을 느껴요." 선생님이 아이를 키우는 엄마니까 자신의 아이도 믿고 맡길 수 있다는 것이죠. 그뿐만이 아니라, 아이를 키우면서 일하는 모습이 서로에게 위로가 되고 격려가 된다는 것이죠. 아내도 이러한 응원을 해주시는 워킹맘 동지들 덕분에 힘을 내서 살아가고 있습니다.

멀리 떨어져 있어도 함께할 수 있습니다. 몇 년 전, 해외에서 활동하는 의료 선교사 네트워크에 관한 이야기를 들은 적이 있습니다. 이들은 SNS 메신저를 통해 연결되어 있어서 서로 필요한 정보를 쉽게 공유할 수 있다고 합니다. 해외에서 건강 문제로 어려움이 생기면, 이 네트워크를 통해 가장 가까이에 있는 의료 선교사가 현지에서 도움을 줄 수 있습니다. 외국에 나가 있는 유학생, 파견 근무자, 선교사 가정 등이 이들을 통해 도움을 받았다고 합니다. 오래된 이야기라 현재에도 유지가 되는지는 확인되지 않지만, 이런 연합은 멋진 일입니다.

같은 지역에 있지 않아도 함께할 수 있는 것처럼, 우리는 같은 영역에 있지 않아도 서로 공감하고 위로하며 살아갈 수 있습니다. 각자의 영역에서 최선을 다해 살아가는 사람들이 '하나님의 나라'라는 꿈을 위해 함께 모이고 있습니다. 그 공간이 바로 교회입니다. 부디 건강한 신앙 공동체에서 좋은 믿음의 동역자들과 함께 걸어가길 응원합니다. 또한, 함께 하나님 나라를 꿈꾸고 산다면 모두 동지요 동료이기에, 가깝게 연결되지 않아도 함께 연대하여 하나님 나라를 이 땅 가운데 이루며 살고 있습니다. 작게는 위로와 공감을 하고, 넓게는 함께 뜻을 공유하며 연대합니다.

함께한다는 것은 배트맨의 '저스티스 리그'처럼 거창한 것이 결코 아닙니다. 작은 공감과 위로로 충분한 일입니다. 제가 이 책에서 사적 이야기를 많이 언급한 이유는 바로 제 이야기가 누군가에게 공감이 되고, 더 나아가 위로가 되기를 바라기 때문입니다. 제 이야기를 읽고, 제가 모르는 누군가가 저를 알게 되는 것에 부담도 있습니다. 누군가에게 불편한 이야기를 하지는 않나 걱정이 되기도 합니다. 그러나 더 많은 이들에게 위로와 격려가 되기를 바라는 마음에서 저도 용기를 냈습니다. 누군가 용기 내어 시작하지 않으면, 아무 일도 일어나지 않는다는 사실을 알고 있습니다. 그리고 저는 이제 여러분의 이야기가 궁금합니다. (용기 내주세요!)

혼자서는 세상을 구할 수 없습니다. 감히 세상을 구하겠다는 뜻을 아직 세우지 않았더라도 괜찮습니다. 주저하며 고민하고 있다면 충분합니다. 이미 우리의 동지들이 어딘가에서 같은 고민을 하며 살아가고 있습니다. 당신은 혼자가 아닙니다. 누구나 한 사람 한 사람이 자신만의 '솔로 무비'(solo movie)의 주인공입니다. 그리고 하나님 나라의 관점에서 그리스도인들은 어벤져스 혹은 저스티스 리그와 같은 한 팀으로 활동하고 있습니다. '하나님 나라의 슈퍼히어로 팀' 모두가 귀한 주인공입니다. 재미와 감동을 동시에 줄 뿐 아니라,

이 세상을 아름답게 변화시키는 놀라운 힘을 발휘해 보지 않겠습니까?

함께 만드는 하나님 나라

마지막으로, 이제 우리는 무엇을 해야 할까요? 이제야 비로소 '우리'라는 말을 편하게 사용해도 될 것 같습니다. 한 사람 한 사람이 하나님 나라의 주인공이며 우리가 함께 모인 공동체가 '교회'입니다. 이제 마지막으로 '교회가 가야 할 길'에 대해 화두를 던지며 긴 여정을 마무리할까 합니다. 우리는 어디로 가야 할까요? 우리가 만들어 갈 하나님 나라는 어떤 곳일까요?

세상 문화의 이면에는 고독과 단절이 존재합니다. 이로 인한 외로움은 사실상 위험합니다. 외로움은 마음의 병뿐만 아니라 육신의 병까지도 걸리기 쉽습니다. 연구 결과에 따르면 외로움은 우울증과 무기력증을 가져올 뿐 아니라, 심장 건강에도 악영향을 끼친다고 합니다.[29] 그런데 사람과 사람의 거리가 점점 멀어지고 있는 현실이죠. 소셜 네트워크(social network)의 범위는 점점 넓어지지만, 그만큼 깊이나 두께가 얇아지고 있습니다. 한때 코로나19로 인해 사회적 거리를 두는 것이 권고되며, 심지어 명절에 가족 간의 만남조차 이루어지지 못했습니다. 앤데믹의 시대를 맞이했지만, 심리 방역에는 실

29 "외로움, 심장 건강에 악영향" 「동아사이언스」, 2018.06.18.

패했다는 말을 어렵지 않게 들을 수 있습니다. 개인의 외로움이 극대화되었기 때문입니다. 이제 이것은 세상 문화의 이면이 아닌 전면으로 나오게 되었으며, 개인의 문제를 뛰어넘어 공동체의 문제가 되었습니다. 오늘날 사회적 고립은 사회의 전반적인 문제로 대두되고 있습니다. 외로움과 사회적 고립은 사회적 전염병으로 이제는 세계가 국가적 문제로서 이를 다루고 있습니다. 함께하지 못하는 것 자체가 병이 되었고, 사회 전체를 아프게 하고 있습니다.

이처럼 우리는 자의든 타의든 점점 개인화되고 서로 간의 정이 사라지고 있는 현실 가운데 살아가고 있습니다. 이제 끊어진 관계의 회복이 우리에게 주어진 중요한 임무입니다. 결코 혼자 할 수 있는 일이 아닙니다. 우리가 먼저 서로 연결될 때, 세상의 고립 문제나 관계 문제를 끊어 낼 수 있습니다. 세상은 〈다크 나이트〉의 배트맨이 아닌, 1990년대 가족 영화의 배트맨과 로빈이 필요합니다. 이것이 주의 뜻으로 모인 공동체로서 교회가 할 일입니다. 아쉽게도 그리스도인들조차 얇고 깨지기 쉬운 관계에 익숙해져 버렸지만, 물보다 진한 그리스도의 피가 우리를 더 강력하게 묶어 줄 것입니다. 먼저 교회 안에서부터 용기를 내봅시다. 예수 안에서 끈끈한 공동체를 만들어 봅시다. 그리고 외로움을 호소하는 세상 가운데 깊숙하게 들어가, 먼저 그리스도 안에서 한 팀이 된 우리가 세상의 아픈 자들의 벗이 되어 줍시다. 우리끼리만 똘똘 뭉친 동호회 모임을 만들지

맙시다. 오래된 모임일수록 구성원들 간의 유대가 깊어지는 것이 당연한 일이겠지만, 유대가 깊어지고 연대가 강해질수록 낯선 이들의 다가옴이 어려워지면 안 됩니다. 그리스도의 몸 된 교회는 달라야 합니다. 우리 공동체 안에 있는 사람들만을 끌어안는 것이 아니라, 가장 작은 한 사람 한 사람에게 귀를 기울여 줄 수 있어야 합니다. 스탠리 하우어워스는 평화의 하나님 나라에서 중요한 것을 '환대'라고 말합니다.

> 예수님께서 시작하신 평화의 나라는 그리스도인의 환대의 의무로 가장 명확하게 구체화되는 사랑의 나라이기도 합니다. 우리는 원칙적으로 낯선 사람과 식사를 같이 할 준비가 되어 있는 공동체입니

다.[30]

마스크로 감춰져 서로의 얼굴을 똑바로 보기 힘들어진 이 세상에서 마스크를 내리고 함께 음식을 나눌 수 있기를, 우리끼리만이 아니라 낯선 이들을 아무 조건 없이 식탁에 초대할 수 있기를 바랍니다.

> 그때에는, 이리가 어린 양과 함께 살며, 표범이 새끼 염소와 함께 누우며, 송아지와 새끼 사자와 살진 짐승이 함께 풀을 뜯고, 어린아이가 그것들을 이끌고 다닌다. 암소와 곰이 서로 벗이 되며, 그것들의 새끼가 함께 눕고, 사자가 소처럼 풀을 먹는다. 젖 먹는 아이가 독사의 구멍 곁에서 장난하고, 젖뗀 아이가 살무사의 굴에 손을 넣는다. _사 11:6 - 8, 새번역

이것이 우리가 함께 꿈꾸고, 함께 만들어 가는 아름다운 하나님 나라입니다.

30 스탠리 하우어워스, 『평화의 나라』 (서울: 비아토르, 2021), 201.

나가는 말

"농담인 줄 알았어요!" 교회 청년들에게 배트맨으로 책을 쓴다고 하고 보여 줬더니 가장 먼저 들은 말입니다. 공감합니다. 이 책은 쉽게 찾아볼 수 없는 책이니까요. 그러나 진짜 썼습니다. 저자는 무명하나 '배트맨'이 유명하니 여러분의 손에 이 책이 들려 있는 것이겠지요. 제가 살면서 배트맨에게 도움을 받는 일이 생기다니요. 배트맨에게 고맙습니다.

그러나 이 책은 배트맨으로 포장한 저의 이야기입니다. 故 이어령 선생님은 책을 쓰는 사람을 '독재자'라고 말씀하셨습니다. 일방적으로 자기가 하고 싶은 이야기를 하니까요. 그리고 이런 질문을 던지셨죠. "너 존재했어? 너답게 세상에 존재했어? 너만의 이야기로 존재했어?"[31]

저도 '나답게 존재하기' 위해 이 책을 썼습니다. 배트맨을

31 이어령, 『이어령의 마지막 수업』 (파주: 열림원, 2021), 167.

가장하여 배트맨으로 살아가고 있는 저만의 이야기를 조심스럽게 나누어 보았습니다. 배트맨으로 그럴싸하게 포장된 제 이야기가, 같은 고민을 하고 씨름하며 살아가고 있을 누군가에게 위로와 응원이 되기를 기대합니다.

이 책이 나오기까지 도움 주신 분들이 많습니다. 집필 과정에서 함께 이야기 나눠 준 청년 친구들, 예린, 형우, 예은, 은재, 재원, 종혁, 상호, 성진에게 감사합니다. 이 책의 필요성을 공감해 주시고 과감히 출판을 결정해 주신 세움북스 출판사 식구들과 멋진 그림으로 책의 완성도를 높여 주신 심효섭 목사님께 감사합니다. 그리고 우리 가족 연진, 제하, 제이 사랑합니다.

OTT 스트리밍 서비스와 유튜브 세상은 이 책에 큰 도움이 되었습니다. 배트맨 영화를 클릭 한 번으로 쉽게 다시 볼 수 있었고, 배트맨 영화에 대한 다양한 시각들을 만날 수 있었습니다. 세상의 변화는 우리를 보다 편리한 삶으로 이끌어 주기도 합니다. 그리고 하나님께서는 이 세상 곳곳에서 자신을 드러내시며 일하고 계십니다.

'배트맨 크리스천'은 배트맨처럼 살아갑니다. 여기서 '살아가다'는 '살다'와 '가다'가 합쳐진 합성어입니다. '살다'는 단순하게 '생명을 지니고 있다'라는 뜻입니다. 그런데 여기에 '가다'라는 말이 붙은 '살아가다'는 '목숨을 이어 가거나 생활을 해 나가다'라는 뜻이

됩니다. 따라서 그리스도인이라면 단순한 '살기'에서 머무르지 않고, '살아가기'를 해야 합니다. 여러분은 지금 살아가고 있나요? 그렇다면 이제 어디로 갈까요? 우리에게 주어진 이 생명이 또 다른 생명을 살리는 일에 사용된다면 정말 멋지지 않을까요? 저와 여러분의 '하나님 나라의 영웅으로 살아가기'는 생명을 구하는 삶이기를 소망합니다.

부록

배트맨 영화 목록

1. 배트맨 주연의 영화

1) 골든에이지, 실버에이지

〈배트맨〉(The Batman, 1943)

〈배트맨과 로빈〉(New Adventures of Batman and Robin, the Boy Wonder, 1949)

〈배트맨〉(Batman, 1966)

2) 모던에이지

배트맨 1 :〈배트맨〉(Batman, 1989)

배트맨 2 :〈배트맨 리턴즈〉(Batman Returns, 1992)

배트맨 3 :〈배트맨 포에버〉(Batman Forever, 1995)

배트맨 4 :〈배트맨과 로빈〉(Batman and Robin, 1997)

3) 다크 나이트 트릴로지

1편 :〈배트맨 비긴즈〉(Batman Begins, 2005)

2편 :〈다크 나이트〉(The Dark Knight, 2008)

3편 :〈다크 나이트 라이즈〉(The Dark Knight Rises, 2012)

4) 더 배트맨 시리즈

1편 :〈더 배트맨〉(THE BATMAN, 2022)

2편 :〈더 배트맨 2〉(THE BATMAN 2, 2025) ※제작 예정

2. DC 확장 유니버스 속 크로스오버 영화

1) 배트맨 주연 영화

〈배트맨 대 슈퍼맨: 저스티스의 시작〉(Batman v Superman: Dawn of Justice, 2016)

〈저스티스 리그〉(Justice League, 2017)

〈잭 스나이더의 저스티스 리그〉(Zack Snyder's Justice League, 2021)

2) 고담시를 배경으로 한 영화

〈수어사이드 스쿼드〉(Suicide Squad, 2016)

〈버즈 오브 프레이 : 할리 퀸의 황홀한 해방〉[Birds of Prey (And the Fantabulous Emancipation of One Harley Quinn, 2020)]

〈더 수어사이드 스쿼드〉(The Suicide Squad, 2021)

3. 기타 영화

〈캣우먼〉(Catwoman, 2004)

〈레고 배트맨 무비〉(The LEGO Batman Movie, 2017) ※ 애니메이션 영화

〈조커〉(Joker, 2019)

〈DC 리그 오브 슈퍼 - 펫〉(DC League of Super - Pets, 2022) ※ 애니메이션 영화

〈조커 2〉(Joker: Folie à Deux, 2024) ※제작 예정